終極果醬食譜

100 種自製果醬、果凍和蜜餞的美味食譜，具有經典風味和獨特的組合，加上有關選擇、準備和儲存水果的專家提示，非常適合送禮或儲存您的食品儲藏室

琦 李

版權資料 ©2023

版權所有

免責聲明

本書中包含的信息旨在作為本書作者研究過的策略的綜合集合。摘要、策略、提示和技巧僅由作者推薦，閱讀本書並不能保證一個人的結果將完全反映作者的結果。本書的作者已盡一切合理努力為本書的讀者提供最新和準確的信息。對於可能發現的任何無意的錯誤或遺漏，作者及其相關方不承擔任何責任。書中的材料可能包括來自第三方的信息。第三方材料包含其所有者表達的意見。因此，本書的作者不對任何第三方材料或意見承擔任何責任或義務。

目錄

目錄	2
介紹	8

鹹味果醬　　9

1. 蘋果百里香/鼠尾草果凍　　10
2. 薄荷果凍　　12
3. 甜果凍　　14
4. 青椒果凍　　16
5. 大蒜或小蔥果凍　　18
6. 甜菜根醬　　20
7. 洋蔥醬　　22
8. 甜辣椒醬　　24
9. 胡椒醬　　26

罐裝果醬　　28

10. 蘋果智利果醬　　29
11. 香洋蔥醬　　31
12. 藍莓果醬　　33
13. 覆盆子醬　　35
14. 草莓龍舌蘭果醬　　37
15. 薄荷菠蘿醬　　39
16. 草莓大黃果醬　　41
17. 油桃酸櫻桃果醬　　44
18. 低糖草莓龍舌蘭果醬　　46
19. 巧克力櫻桃醬　　48

20. 橘子香蕉醬 　　　　　　　　　　　　50

21. 杏薰衣草果醬 　　　　　　　　　　52

22. 無花果梨果醬 　　　　　　　　　　55

23. 無花果、迷迭香和紅酒果醬 　　　　57

24. 蜜瓜醬 　　　　　　　　　　　　　59

25. 桃迷迭香果醬 　　　　　　　　　　61

26. 蜜梨果醬 　　　　　　　　　　　　63

27. 蘋果派果醬 　　　　　　　　　　　65

28. 桃波旁果醬 　　　　　　　　　　　68

29. 低糖覆盆子"檸檬水"果醬 　　　　　70

30. 番茄香草果醬 　　　　　　　　　　72

31. 西葫蘆麵包醬 　　　　　　　　　　74

32. 漿果啤酒果醬 　　　　　　　　　　76

33. 低糖蘋果智利果醬 　　　　　　　　78

34. 香醋洋蔥醬 　　　　　　　　　　　80

35. 藍莓檸檬果醬 　　　　　　　　　　83

36. 蘋果醬 　　　　　　　　　　　　　85

37. 草莓大黃果凍 　　　　　　　　　　87

38. 藍莓香料果醬 　　　　　　　　　　89

39. 葡萄梅果凍 　　　　　　　　　　　91

40. 金椒果凍 　　　　　　　　　　　　93

41. 桃菠蘿醬 　　　　　　　　　　　　95

42. 冷藏蘋果醬 　　　　　　　　　　　97

43. 冰箱葡萄果醬 　　　　　　　　　　99

44. 果膠粉櫻桃果凍　　　　　　　　　101

45. 果膠粉櫻桃果醬　　　　　　　　　103

46. 液體果膠無花果醬　　　　　　　　105

47. 葡萄果凍粉　　　　　　　　　　　107

48. 液體果膠薄荷菠蘿醬　　　　　　　109

49. 混合果膠果凍　　　　　　　　　　111

50. 橘子果凍　　　　　　　　　　　　113

51. 五香橙果凍　　　　　　　　　　　115

52. 橘子果醬　　　　　　　　　　　　117

53. 杏橙果醬　　　　　　　　　　　　119

54. 果膠粉蜜桃醬　　　　　　　　　　121

55. 五香藍莓桃果醬　　　　　　　　　123

56. 果膠菠蘿醬　　　　　　　　　　　125

57. 果膠梅子凍　　　　　　　　　　　127

58. 果膠粉草莓醬　　　　　　　　　　129

59. Tutti-Frutti 果醬　　　　　　　　131

60. 葡萄保鮮　　　　　　　　　　　　133

無果膠果醬　　　　　　　　　　　　**135**

61. 無果膠黑莓果凍　　　　　　　　　136

62. 無果膠蘋果凍　　　　　　　　　　138

63. 不加果膠的蘋果醬　　　　　　　　140

64. 不加果膠的榅桲果凍　　　　　　　142

新鮮果醬　　　　　　　　　　　　　**144**

65. 粉紅檸檬水巴西莓果醬　　　　　　145

66. 草莓薰衣草果醬　　　　　　　　　　　　147

67. 金銀花糖漿　　　　　　　　　　　　　149

68. 大黃、玫瑰和草莓醬　　　　　　　　　151

69. 蘋果苔糖漿　　　　　　　　　　　　　153

70. 海苔蘋果醬　　　　　　　　　　　　　156

71. Açaí-Chia 果醬　　　　　　　　　　　158

冷凍果醬　　　　　　　　　　　　　　　**160**

72. 草莓冷凍果醬　　　　　　　　　　　　161

73. 奇異果醬　　　　　　　　　　　　　　163

74. 覆盆子/黑醋栗果醬　　　　　　　　　165

傳統果醬　　　　　　　　　　　　　　　**167**

75. 蘋果姜　　　　　　　　　　　　　　　168

76. 杏醬　　　　　　　　　　　　　　　　170

77. Apple & Blackberryjam　　　　　　　172

78. 黑葡萄波特酒果醬　　　　　　　　　　174

79. 黑莓果醬　　　　　　　　　　　　　　176

80. 黑加侖果醬　　　　　　　　　　　　　178

81. 杏菠蘿罐頭醬　　　　　　　　　　　　180

82. 櫻桃果醬　　　　　　　　　　　　　　182

83. 達姆森果醬　　　　　　　　　　　　　184

84. 新鮮無花果醬　　　　　　　　　　　　186

85. 薑汁果醬　　　　　　　　　　　　　　188

86. 醋栗果醬　　　　　　　　　　　　　　190

87. 奇異果醬　　　　　　　　　　　　　　192

88. 骨髓生薑果醬	194
89. 雜果醬	196
90. 桃醬	198
91. 梨姜醬	200
92. 鳳梨醬	202
93. 梅子果醬	204
94. 榅桲果醬	206
95. Loganberry 或 Tayberry 果醬	208
96. 覆盆子醬	210
97. 大黃薑醬	212
98. 草莓醬	214
99. 草莓醬（全）	216
100. 草莓大黃醬	218

結論 **220**

介紹

您喜歡自製果醬和蜜餞嗎？看看《終極果醬食譜》就知道了！有 100 種美味食譜可供選擇，當您選擇下一個充滿水果的創作時，您會被各種選擇寵壞。您可以從這本全面的食譜中得到以下內容：

- 多種口味組合：從草莓和藍莓等經典食譜到大黃和玫瑰或梨和生薑等更獨特的混合物，這本食譜可滿足各種口味。有 100 種食譜可供選擇，您永遠不會用完靈感。

- 水果保鮮專家建議：即使你是廚房新手，這本食譜也能讓你輕鬆上手製作果醬。您會找到有關選擇最好的水果、準備裝罐以及確保您的果醬在未來幾個月內保持新鮮的有用提示。

- 非常適合送禮或儲存您的食品儲藏室：自製果醬是送給朋友和家人的貼心禮物，或者它們可以用來為您的早晨吐司或下午茶增添一絲甜味。100 種食譜觸手可及，無論何時需要，您手邊總會有一罐美味的果醬。

鹹味果醬

1. 蘋果和百里香/鼠尾草果凍

使： 5 磅

原料：

- 3 磅布拉姆利烹飪蘋果
- 3 磅砂糖
- 1130 毫升（2 品脫）水
- 1 盎司（30 克）百里香/鼠尾草，切碎
- ½ 瓶液體果膠

指示：

a) 將蘋果洗淨，切成小塊，但不要去皮去核。
b) 將水果放入盛有水的鍋中，蓋上鍋蓋，用文火煮至水果
c) 足夠軟，可以搗碎。用果凍袋瀝乾搗碎的水果。
d) 將糖和 2 品脫（1130 毫升）果汁放入大平底鍋中，輕輕加熱直至糖溶解，不時攪拌。
e) 快速完全沸騰并快速煮沸 1 分鐘。
f) 攪拌液體果膠，再煮半分鐘，偶爾攪拌。
g) 加入百里香/鼠尾草。如有必要，從火上移開並撇去油脂。
h) 以通常的方式裝鍋並蓋上蓋子。

2. 薄荷果凍

品牌：1.5 磅

原料：

- 大束薄荷
- 1 磅糖
- ½ 品脫白醋
- 綠色著色
- 1 瓶液體果膠

指示：

a) 徹底清洗薄荷並分成兩份。

b) 從一束中取出葉子，擠出多餘的水並切碎。將醋和糖與第二束薄荷放入平底鍋中，用小火攪拌直至糖溶解。

c) 取出一束薄荷。煮沸 1 分鐘。

d) 用平紋細布過濾糖漿，然後放回平底鍋中。

e) 攪拌液體果膠，煮沸並煮沸 2 分鐘。加入切碎的薄荷和色素。

f) 稍微冷卻以防止薄荷漂浮。

g) 以通常的方式脫脂、鍋和蓋。

3. 甜果凍

使： 5 磅

原料：

- 1130 毫升（2 品脫）甜蘋果酒
- 3¼磅糖
- 1 瓶液體果膠

指示：

a) 將蘋果酒和糖放入一個大平底鍋中，攪拌均勻。

b) 輕輕加熱，不時攪拌直至糖溶解。添加液體果膠。

c) 完全煮沸並煮沸 1 分鐘。

d) 以通常的方式脫脂、鍋和蓋。

4. 熱青椒果凍

使： 7 磅

原料：

- 3 個大甜椒——去籽並切成塊
- 5 磅（2.3 千克）糖
- 24 盎司（700 毫升）蘋果醋
- 12 只綠辣椒——把種子留在裡面，把莖切掉
- 2.5 盎司（80 毫升）水 2 瓶液體果膠

指示：

a) 液化除糖和液體果膠之外的所有成分。

b) 放入大平底鍋中，加入糖并快速煮沸 8 分鐘。

c) 遠離熱源，過濾，加入液體果膠和幾滴綠色色素（如果需要）。

d) 攪拌均勻，倒入罐中並密封。

5. 大蒜或小蔥果凍

使： 5 磅

原料：

- 3 盎司（85 克）切碎的大蒜或青蔥
- 3 磅糖
- 24 盎司（700 毫升）白葡萄酒醋
- 16 盎司（450 毫升）水 ½ 瓶液體果膠

指示：

a) 將大蒜或青蔥與醋混合，不蓋蓋子，用中火慢燉 15 分鐘。

b) 從熱源中取出並倒入合適的玻璃罐或砂鍋中：蓋上蓋子並在室溫下靜置 24 至 36 小時。

c) 將醋通過金屬絲過濾器倒入一個大平底鍋中，用勺背壓住大蒜或小蔥，以獲得盡可能多的液體；然後丟棄殘留物。

d) 加水和糖。

e) 用中高溫完全煮沸。

f) 加入液體果膠並煮沸，不斷攪拌 1 分鐘。

g) 如有必要，撇去鍋中並蓋上蓋子。

6. 甜菜根醬

品牌：4.5 磅

原料：

- 1¾ 磅（800 克）生甜菜根（或 1 磅煮熟的
- 2¾ 磅（1.3 千克）糖
- 425 毫升（¾ 品脫）醋
- 1 瓶液體果膠

指示：

a) 如果甜菜根是生的，將它們煮沸，然後剝掉外皮並切碎。

b) 將糖和醋倒入一個大平底鍋中，加入準備好的甜菜根。

c) 充分混合併慢慢加熱，偶爾攪拌，直到糖溶解。

d) 完全沸騰并快速煮沸 2 分鐘。

e) 從熱源中取出並在液體果膠中攪拌。

f) 交替攪拌和脫脂

g) 5 分鐘，稍微冷卻。以通常的方式裝鍋並蓋上蓋子。

7. 洋蔥醬

品牌：2 磅果醬

原料：

- 1 磅 3 盎司（600 克）洋蔥
- 1 磅 9 盎司（700 克）糖
- 20 毫升（1½ 湯匙）橄欖油
- 7 盎司（20 克）紅醋栗
- 7 盎司（200 毫升）酒醋
- 2 湯匙（30 毫升）檸檬汁
- ¼瓶液體果膠
- 香料（¼ 茶匙薑和 ¼ 茶匙五香粉，或品嚐）

指示：

a) 將洋蔥切成小條。加熱油並加入洋蔥。蓋上鍋蓋，輕輕煮，避免變褐，直到洋蔥透明變軟（約 15 - 20 分鐘）。

b) 加入紅醋栗、葡萄酒醋和檸檬汁，加熱至沸騰，蓋上鍋蓋，用文火燉至紅醋栗和洋蔥變軟（20 分鐘或根據需要）。

c) 加入糖，加熱至沸騰，然後快速煮沸 6 分鐘。加入 ¼ 瓶液體果膠，從火上移開，然後在涼板上測試樣品是否凝固。根據需要在 2-3 分鐘內再次煮沸，直到樣品在盤子上幾分鐘後顯示出明確的皮膚。

d) 讓其冷卻幾分鐘，攪拌，然後以通常的方式裝鍋，使用耐醋的蓋子。

8. 甜辣椒醬

品牌：4 罐

原料：

- 8 個紅辣椒，去籽並切碎
- 10 紅辣椒切碎，包括種子
- 手指大小的一塊新鮮生薑，去皮切碎
- 1 磅黃金糖
- 8 瓣大蒜，去皮
- 1¾ 磅（790 克）櫻桃番茄，切半，切去莖
- 250 毫升紅酒醋
- 1 瓶液體果膠

指示：

a) 將除液體果膠外的所有配料倒入厚底平底鍋中。

b) 煮沸，調小火，文火煮 50 分鐘：熄火。

c) 使用棒式攪拌機將原料切碎，重新加熱并快速煮沸，經常攪拌以撇去任何形成的浮渣，直到它變得粘稠。

d) 加入液體果膠並煮沸 5 分鐘，然後靜置 5 分鐘。倒入消毒過的罐子裡。蓋上蓋子並存放在黑暗的櫥櫃中。

9. 胡椒醬

品牌：3.5 磅果醬

原料：

- 6-8 個中等大小的辣椒
- 2 ¾ 磅（1.25 千克）糖
- ½ 品脫（240 毫升）醋 1 瓶液體果膠

指示：

a) 為了獲得最佳顏色，請使用等量的綠色和紅色甜椒。準備辣椒時，切開並丟棄種子，然後將果肉切碎。

b) 將糖和醋量入一個大的保鮮盤中，然後加入

c) 14 盎司（0.4 千克）準備好的辣椒。

d) 充分混合併在高溫下完全沸騰。煮沸前和煮沸時不斷攪拌。

e) 快速煮沸 2 分鐘。從火上移開，加入液體果膠攪拌。

f) 冷卻 5 分鐘。如有必要，略讀。

g) 以通常的方式裝鍋並蓋上蓋子。

罐裝果醬

10. 蘋果智利果醬

品牌：5（½ 品脫）罐

原料：

- 2 個大蘋果，去皮並磨碎
- 3 湯匙瓶裝檸檬汁
- 4 杯蘋果汁
- 3 湯匙無糖果膠
- 1 湯匙碎辣椒或乾碎紅辣椒
- ½杯蜂蜜

指示：

a) 在 4 夸脫不銹鋼或搪瓷荷蘭烤箱中混合磨碎的蘋果和檸檬汁。不斷攪拌，煮 10 分鐘或直到蘋果變軟。

b) 加入蘋果汁、果膠和碎辣椒。將混合物完全沸騰，不能攪拌，在高溫下不斷攪拌。

c) 加蜂蜜。使混合物完全沸騰。煮沸 1 分鐘，不斷攪拌。遠離熱源。如有必要，撇去泡沫。

d) 將熱果醬倒入熱罐中，留出 ¼ 英寸的頂部空間。去除氣泡。擦拭罐子邊緣。罐子上的中心蓋。應用帶子，並調整到指尖緊。將罐子放入沸水罐中。重複直到所有罐子都裝滿。

e) 處理罐子 10 分鐘，調整高度。關掉暖氣；取下蓋子，讓罐子靜置 5 分鐘。取出罐子並冷卻。

11. 香醋洋蔥醬

品牌：5（½ 品脫）罐

原料：

- 2 磅洋蔥，切丁
- ½ 杯香醋
- ½ 杯楓糖漿
- 2 茶匙白胡椒粉
- 1 片月桂葉
- 2 杯蘋果汁
- 3 湯匙無糖果膠
- ½杯蜂蜜

指示：

a) 將前 6 種成分混合在 6 夸脫不銹鋼或搪瓷荷蘭烤箱中。用中火煮 15 分鐘或直到洋蔥變成半透明，偶爾攪拌。

b) 加入蘋果汁和果膠。將混合物完全沸騰，不能攪拌，在高溫下不斷攪拌。

c) 加入蜂蜜，攪拌溶解。使混合物完全沸騰。煮沸 1 分鐘，不斷攪拌。遠離熱源。取出並丟棄月桂葉。如有必要，撇去泡沫。

d) 將熱果醬倒入熱罐中，留出 ¼ 英寸的頂部空間。去除氣泡。擦拭罐子邊緣。罐子上的中心蓋。應用帶子，並調整到指尖緊。將罐子放入沸水罐中。重複直到所有罐子都裝滿。

e) 處理罐子 15 分鐘，調整高度。關掉暖氣；取下蓋子，讓罐子靜置 5 分鐘。取出罐子並冷卻。

12. 藍莓果醬

品牌：9 半品脫

原料：

- 8 杯新鮮藍莓
- 6 杯蜂蜜
- 3 湯匙檸檬汁
- 2 茶匙肉桂粉
- 2 茶匙磨碎的檸檬皮
- ½ 茶匙肉荳蔻粉
- 6 盎司無糖液體果膠

指示：

a) 將藍莓放入食品加工機；蓋上蓋子並脈衝直到幾乎完全混合。

b) 轉移到湯鍋。加入蜂蜜、檸檬汁、肉桂、檸檬皮和肉荳蔻。在高溫下完全沸騰，不斷攪拌。加入果膠。

c) 煮沸 1 分鐘，不斷攪拌。

d) 從火上移開；撇去泡沫。將熱混合物倒入熱的已消毒半品脫罐中，留出 ¼ 英寸的頂部空間。

e) 去除氣泡；擦拭輪輞並調整蓋子。在沸水罐中處理 10 分鐘。

13. 覆盆子果醬

品牌：6 半品脫

原料：

- 3.5 磅新鮮覆盆子，壓碎
- ½ 杯新鮮檸檬汁
- 4 湯匙無糖果膠
- 1.5 杯蜂蜜

指示：

a) 將覆盆子放入荷蘭烤爐中。

b) 加入檸檬汁和果膠。將混合物煮沸。

c) 攪拌，親愛的。再加熱 1 分鐘。

d) 裝入熱罐中，留出 ¼ 英寸的頂部空間。釋放氣泡並將蓋子居中。

e) 應用帶子並使其緊貼。

f) 將罐子放入沸水罐中。

g) 處理 10 分鐘，計算高度。

h) 取出罐子並冷卻。

14. 草莓果醬

品牌： 4 半品脫

原料：

- 5 杯切碎的新鮮草莓，壓碎
- ½ 杯龍舌蘭酒
- 5 湯匙無糖果膠
- 1 杯龍舌蘭糖漿

指示：

a) 在荷蘭烤箱中混合草莓和龍舌蘭酒。

b) 加入果膠。

c) 將混合物煮沸。

d) 拌入龍舌蘭糖漿。再加熱 1 分鐘。

e) 裝入熱罐中，留出 ¼ 英寸的頂部空間。釋放氣泡並將蓋子居中。應用帶子並使其緊貼。將罐子放入盛有開水的罐頭罐中。

f) 處理 10 分鐘，計算高度。

g) 取出罐子並冷卻。

15. 薄荷菠蘿醬

製造： 10 半品脫罐

原料：

- 一罐 20 盎司碎菠蘿
- ¾杯水
- ¼ 杯檸檬汁
- 7.5 杯蜂蜜
- 10 湯匙無糖果膠
- ½ 茶匙薄荷提取物
- 幾滴綠色色素

指示：

a) 將壓碎的菠蘿放入水壺中。加入水、檸檬汁和蜂蜜。攪拌均勻。

b) 放在高溫下並不斷攪拌，迅速煮沸，整個表面都有氣泡。

c) 煮沸 1 分鐘，不斷攪拌。

d) 遠離熱源；添加果膠、風味提取物和色素。撇去。

e) 立即倒入熱的、無菌的罐頭罐中，留出 ¼ 英寸的頂部空間。

f) 密封並在沸水浴中處理 5 分鐘。

16. 草莓大黃果醬

品牌：約 6 (½-PT./250-ML) 罐

原料：

- 1.1 升（4½ 杯）¼ 英寸（0.5 厘米）厚的新鮮大黃切片
- ½ 杯（125 毫升）新鮮橙汁（約 2 至 3 個大橙子）
- 4 杯成熟的新鮮草莓
- 5 杯（1.25 升）糖
- 1 袋（3 盎司/88.5 毫升）液體果膠

指示：

a) 在 3 夸脫（3 升）不銹鋼平底鍋中混合大黃和橙汁。蓋上鍋蓋，用中高火煮沸。揭開蓋子，減少熱量，然後慢燉，經常攪拌，5 分鐘或直到大黃變軟。

b) 草莓洗淨；去除並丟棄莖和殼。用土豆搗碎機將草莓搗碎，直至均勻壓碎。

c) 將 2 杯煮熟的大黃和 1¾ 杯（425 毫升）搗碎的草莓放入 6 夸脫不銹鋼或搪瓷荷蘭烤箱中。加入糖攪拌。將混合物完全沸騰，不能在高溫下攪拌，經常攪拌。

d) 添加果膠，立即從小袋中擠出全部內容物。繼續煮沸 1 分鐘，不斷攪拌。遠離熱源。如有必要，撇去泡沫。

e) 將熱果醬舀入熱罐中，頂部留有 ¼ 英寸（0.5 厘米）的空間。去除氣泡。擦拭罐子邊緣。罐子上的中心蓋。應用帶子，並調整到指尖緊。將罐子放入沸水罐中。重複直到所有罐子都裝滿。

f) 加工罐子 10 分鐘，調整高度。關火；取下蓋子，讓罐子靜置 5 分鐘。取出罐子並冷卻。

17. 油桃酸櫻桃果醬

品牌：約 7 (½-PT./250-ML) 罐

原料：

- 750 克（1½ 磅）油桃，去核並切碎
- 2 杯切碎的去核酸櫻桃
- 6 湯匙經典果膠
- 2 湯匙瓶裝檸檬汁
- 6 杯（1.5 升）糖

指示：

a) 在 4 夸脫 (4-L) 不銹鋼或搪瓷荷蘭烤箱中混合前 4 種成分。將混合物完全沸騰，不能攪拌，在高溫下不斷攪拌。

b) 加入糖，攪拌溶解。使混合物完全沸騰。煮沸 1 分鐘，不斷攪拌。遠離熱源。如有必要，撇去泡沫。

c) 將熱果醬舀入熱罐中，頂部留有 ¼ 英寸（0.5 厘米）的空間。去除氣泡。擦拭罐子邊緣。罐子上的中心蓋。應用帶子，並調整到指尖緊。將罐子放入沸水罐中。重複直到所有罐子都裝滿。

d) 加工罐子 10 分鐘，調整高度。關火；取下蓋子，讓罐子靜置 5 分鐘。取出罐子並冷卻。

18. 低糖草莓龍舌蘭果醬

品牌：約 4 (½-PT./250 ML) 罐

原料：

- 5 杯（1.25 升）切碎的新鮮草莓
- 125 毫升（½ 杯）龍舌蘭酒
- 5 湯匙（75 毫升）低糖或無糖果膠
- 1 杯（250 毫升）龍舌蘭糖漿

指示：

a) 在 4 夸脫 (4-L) 不銹鋼或搪瓷荷蘭烤箱中混合前 2 種成分。用土豆搗碎器壓碎漿果。

b) 加入果膠。將混合物完全沸騰，不能攪拌，在高溫下不斷攪拌。

c) 拌入龍舌蘭糖漿。使混合物完全沸騰。煮沸 1 分鐘，不斷攪拌。遠離熱源。如有必要，撇去泡沫。

d) 將熱果醬舀入熱罐中，頂部留有 ¼ 英寸（0.5 厘米）的空間。去除氣泡。擦拭罐子邊緣。罐子上的中心蓋。應用帶子，並調整到指尖緊。將罐子放入沸水罐中。重複直到所有罐子都裝滿。

e) 加工罐子 10 分鐘，調整高度。關火；取下蓋子，讓罐子靜置 5 分鐘。取出罐子並冷卻。

19. 巧克力櫻桃果醬

品牌：約 6 (½-PT./250-ML) 罐

原料：

- 6 杯（1.5 升）新鮮或冷凍去核黑櫻桃、粗切碎的甜櫻桃
- 6 湯匙經典果膠
- ¼ 杯（60 毫升）瓶裝檸檬汁
- 6 杯（1.5 升）糖
- ⅔ 杯（150 毫升）不加糖的可可

指示：

a) 在 4 夸脫 (4-L) 不銹鋼或搪瓷荷蘭烤箱中混合前 3 種成分。將混合物完全沸騰，不能攪拌，在高溫下不斷攪拌。

b) 同時，將糖和可可粉攪拌均勻；一次全部加入沸騰的櫻桃混合物中。使混合物完全沸騰。煮沸 1 分鐘，不斷攪拌。遠離熱源。如有必要，撇去泡沫。

c) 將熱果醬舀入熱罐中，頂部留有 ¼ 英寸（0.5 厘米）的空間。去除氣泡。擦拭罐子邊緣。罐子上的中心蓋。應用帶子，並調整到指尖緊。將罐子放入沸水罐中。重複直到所有罐子都裝滿。

d) 加工罐子 10 分鐘，調整高度。關火；取下蓋子，讓罐子靜置 5 分鐘。取出罐子並冷卻。

20. 橘子香蕉醬

品牌：約 5 (½-PT./250-ML) 罐

原料：

- 2 杯帶果肉的新鮮橙汁（約 8 個橙子）
- 1 杯（250 毫升）蜂蜜
- 3 湯匙（45 毫升）瓶裝檸檬汁
- 2 磅（1 千克）非常熟的香蕉，去皮切碎
- 1 顆香草豆，分開

指示：

a) 在 4 夸脫 (4-L) 不銹鋼或搪瓷荷蘭烤箱中混合前 4 種成分。從香草豆上刮下種子；添加到香蕉混合物中。經常攪拌，用中火煮約 25 分鐘至膠凝點。

b) 將熱果醬舀入熱罐中，頂部留有 ¼ 英寸（0.5 厘米）的空間。去除氣泡。擦拭罐子邊緣。罐子上的中心蓋。應用帶子，並調整到指尖緊。將罐子放入沸水罐中。重複直到所有罐子都裝滿。

c) 加工罐子 15 分鐘，調整高度。關火；取下蓋子，讓罐子靜置 5 分鐘。取出罐子並冷卻。

21. 杏薰衣草果醬

品牌：約 6 (½-PT./250-ML) 罐

原料：

- 4 茶匙（20 毫升）幹薰衣草花蕾
- 粗棉布
- 廚房串
- 3 磅杏子，去核並切碎（約 6 杯/1.5 升）
- 4 杯糖
- 3 湯匙（45 毫升）瓶裝檸檬汁

指示：

a) 將薰衣草花蕾放在一塊 4 英寸（10 厘米）見方的粗棉布上；用廚房繩子繫起來。

b) 把杏子放在一個大碗裡；用馬鈴薯搗碎器搗碎直至壓碎。加入糖和檸檬汁攪拌；加入粗棉布袋，攪拌直至變濕。蓋上蓋子並冷藏 4 小時或過夜。

c) 將杏混合物倒入 6 夸脫不銹鋼或搪瓷荷蘭烤箱中。用中火煮沸，攪拌直至糖溶解。將熱量增加到中高。不斷攪拌 45 分鐘或直到混合物變稠並且糖果溫度計顯示 220°F (104°C)。遠離熱源。取下並丟棄粗棉布袋。

d) 將熱果醬舀入熱罐中，頂部留有 ¼ 英寸（0.5 厘米）的空間。去除氣泡。擦拭罐子邊緣。罐子上的中心蓋。應用帶子，並調整到指尖緊。將罐子放入沸水罐中。重複直到所有罐子都裝滿。

e) 加工罐子 10 分鐘，調整高度。關火；取下蓋子，讓罐子靜置 5 分鐘。取出罐子並冷卻。

22. 無花果梨果醬

品牌：約 4 (½-PT./250 ML) 罐

原料：

- 250 毫升（2 杯）切碎的梨
- 2 杯（250 毫升）切碎的新鮮無花果
- 4 湯匙（60 毫升）經典果膠
- 2 湯匙瓶裝檸檬汁
- 1 湯匙（15 毫升）水
- 750 毫升（3 杯）糖

指示：

a) 在 4 夸脫 (4-L) 不銹鋼或搪瓷荷蘭烤箱中混合所有成分（糖除外）。將混合物完全沸騰，不能攪拌，在高溫下不斷攪拌。

b) 加入糖，攪拌溶解。使混合物完全沸騰。煮沸 1 分鐘，不斷攪拌。遠離熱源。如有必要，撇去泡沫。

c) 將熱果醬舀入熱罐中，頂部留有 ¼ 英寸（0.5 厘米）的空間。擦拭罐子邊緣。罐子上的中心蓋。應用帶子，並調整到指尖緊。將罐子放入沸水罐中。重複直到所有罐子都裝滿。

d) 加工罐子 10 分鐘，調整高度。關火；取下蓋子，讓罐子靜置 5 分鐘。取出罐子並冷卻。

23. 無花果、迷迭香和紅酒果醬

品牌：約 4 (½-PT./250-ML) 罐

原料：

- 375 毫升（1½ 杯）梅洛或其他果味紅酒
- 2 湯匙新鮮迷迭香葉
- 2 杯切碎的新鮮無花果
- 3 湯匙（45 毫升）經典果膠
- 2 湯匙瓶裝檸檬汁
- 625 毫升（2½ 杯）糖

指示：

a) 將葡萄酒和迷迭香放入小不銹鋼或搪瓷平底鍋中慢燉。關火；蓋上蓋子浸泡 30 分鐘。

b) 通過細金屬絲網過濾器將葡萄酒倒入 4 夸脫 (4-L) 不銹鋼或搪瓷平底鍋中。丟棄迷迭香。加入無花果、果膠和檸檬汁。將混合物完全沸騰，不能攪拌，在高溫下不斷攪拌。

c) 加入糖，攪拌溶解。使混合物完全沸騰。煮沸 1 分鐘，不斷攪拌。遠離熱源。如有必要，撇去泡沫。

d) 將熱果醬舀入熱罐中，頂部留有 ¼ 英寸（0.5 厘米）的空間。去除氣泡。擦拭罐子邊緣。罐子上的中心蓋。應用帶子，並調整到指尖緊。將罐子放入沸水罐中。重複直到所有罐子都裝滿。

e) 加工罐子 10 分鐘，調整高度。關火；取下蓋子，讓罐子靜置 5 分鐘。取出罐子並冷卻。

24. 哈密瓜果醬

品牌：約 5 (½-PT./250-ML) 罐

原料：

- 14 杯（3.5 升）1 英寸（1 厘米）哈密瓜或其他橙肉甜瓜塊（約 2 個大甜瓜）
- 60 毫升（¼ 杯）粗鹽
- 4 杯糖
- ¾ 杯（175 毫升）瓶裝檸檬汁
- 1 湯匙（15 毫升）碎粉紅胡椒粒（可選）

指示：

a) 把甜瓜和鹽放在一個大碗裡攪拌。蓋上蓋子靜置 2 小時。流走；用冷水沖洗。流走。

b) 在 6 夸脫不銹鋼或搪瓷荷蘭烤箱中將甜瓜、糖和檸檬汁攪拌在一起。煮滾；減少熱量，然後用文火燉 20 分鐘或直到甜瓜變軟。用土豆搗碎機搗碎西瓜片。用文火燉，不加蓋，經常攪拌，約 1 小時至膠凝點。（甜瓜會釋放大量水分，因此烹飪時間可能會有所不同。）如有必要，撇去泡沫，並根據需要加入胡椒粒。

c) 將熱果醬舀入熱罐中，頂部留有 ¼ 英寸（0.5 厘米）的空間。去除氣泡。擦拭罐子邊緣。罐子上的中心蓋。應用帶子，並調整到指尖緊。將罐子放入沸水罐中。重複直到所有罐子都裝滿。

d) 加工罐子 15 分鐘，調整高度。關火；取下蓋子，讓罐子靜置 5 分鐘。取出罐子並冷卻。

25. 桃迷迭香果醬

品牌：約 6 (½-PT./250 ML) 罐

原料：

- 2.5 磅（1.25 千克）新鮮桃子（5 個大）
- 1 茶匙酸橙皮
- 6 湯匙經典果膠
- ¼ 杯（60 毫升）新鮮酸橙汁（約 3 個酸橙）
- 2（4 英寸/10 厘米）迷迭香小枝
- 5 杯（1.25 升）糖

指示：

a) 用蔬菜削皮器給桃子削皮。去除凹坑，粗切。用馬鈴薯搗碎器搗碎，直到均勻壓碎。將 4 杯壓碎的桃子放入 6 夸脫不銹鋼或搪瓷荷蘭烤箱中。加入酸橙皮和接下來的 3 種成分。

b) 將混合物完全沸騰，不能攪拌，在高溫下不斷攪拌。煮沸 1 分鐘，不斷攪拌。

c) 加入糖，攪拌溶解。使混合物完全沸騰。煮沸 1 分鐘，不斷攪拌。遠離熱源。取出並丟棄迷迭香。如有必要，撇去泡沫。

d) 將熱果醬舀入熱罐中，頂部留有 ¼ 英寸（0.5 厘米）的空間。去除氣泡。擦拭罐子邊緣。罐子上的中心蓋。應用帶子，並調整到指尖緊。將罐子放入沸水罐中。重複直到所有罐子都裝滿。

e) 加工罐子 10 分鐘，調整高度。關火；取下蓋子，讓罐子靜置 5 分鐘。取出罐子並冷卻。

26. 蜜梨果醬

品牌：約 5 (½-PT./250-ML) 罐

原料：

- 3¼ 磅結實、成熟的梨
- 125 毫升（½ 杯）蘋果汁
- 1 湯匙（15 毫升）瓶裝檸檬汁
- ½ 茶匙（2.5 毫升）肉桂粉
- 1 塊新鮮生薑，去皮並磨碎
- 6 湯匙低糖或無糖果膠
- 125 毫升（½ 杯）蜂蜜

指示：

a) 在 6 夸脫不銹鋼或搪瓷荷蘭烤箱中混合前 5 種成分。不蓋蓋子，用中火煮 15 分鐘或直到梨變軟，偶爾攪拌。用土豆搗碎器輕輕搗碎梨混合物，打碎大塊。

b) 加入果膠。將混合物完全沸騰，不能攪拌，在高溫下不斷攪拌。

c) 拌入蜂蜜。使混合物完全沸騰。煮沸 1 分鐘，不斷攪拌。遠離熱源。如有必要，撇去泡沫。

d) 將熱果醬舀入熱罐中，頂部留有 ¼ 英寸（0.5 厘米）的空間。去除氣泡。擦拭罐子邊緣。罐子上的中心蓋。應用帶子，並調整到指尖緊。將罐子放入沸水罐中。重複直到所有罐子都裝滿。

e) 加工罐子 10 分鐘，調整高度。關火；取下蓋子，讓罐子靜置 5 分鐘。取出罐子並冷卻。

27. 蘋果派果醬

品牌：約 5 (½-PT./250-ML) 罐

原料：

- 6 杯（1.5 升）去皮格蘭尼史密斯蘋果（約 6 個蘋果）
- 2 杯蘋果汁或蘋果酒
- 2 湯匙瓶裝檸檬汁
- 3 湯匙（45 毫升）經典果膠
- 1 茶匙肉桂粉
- ½ 茶匙（2 毫升）多香果粉
- ¼ 茶匙（1 毫升）肉荳蔻粉
- 2 杯糖

指示：

a) 將前 3 種成分放入 6 夸脫不銹鋼或搪瓷荷蘭烤箱中煮沸；減少熱量，不蓋蓋子，慢燉 10 分鐘或直到蘋果變軟，偶爾攪拌。

b) 加入果膠和接下來的 3 種成分。將混合物完全沸騰，不能攪拌，在高溫下不斷攪拌。

c) 加入糖，攪拌溶解。使混合物完全沸騰。煮沸 1 分鐘，不斷攪拌。遠離熱源。如有必要，撇去泡沫。

d) 將熱果醬舀入熱罐中，頂部留有 ¼ 英寸（0.5 厘米）的空間。去除氣泡。擦拭罐子邊緣。罐子上的中心蓋。應用帶子，並調整到指尖緊。將罐子放入沸水罐中。重複直到所有罐子都裝滿。

e) 加工罐子 10 分鐘，調整高度。關火；取下蓋子，讓罐子靜置 5 分鐘。取出罐子並冷卻。

28. 桃波旁果醬

品牌：約 6 (½-PT./250-ML) 罐

原料：

- 4 磅（2 千克）新鮮桃子，去皮
- 6 湯匙經典果膠
- ¼ 杯（60 毫升）瓶裝檸檬汁
- 60 毫升（¼ 杯）波旁威士忌
- 2 湯匙切碎的結晶姜
- 7 杯（1.75 升）糖

指示：

a) 去核並粗切桃子。將 4.5 杯（1.1 升）切碎的桃子放入 6 夸脫不銹鋼或搪瓷荷蘭烤爐中，然後用土豆搗碎機搗碎直至均勻壓碎。加入果膠和接下來的 3 種成分。

b) 將混合物完全沸騰，不能攪拌，在高溫下不斷攪拌。

c) 加入糖，攪拌溶解。使混合物完全沸騰。煮沸 1 分鐘，不斷攪拌。遠離熱源。如有必要，撇去泡沫。

d) 將熱果醬舀入熱罐中，頂部留有 ¼ 英寸（0.5 厘米）的空間。去除氣泡。擦拭罐子邊緣。罐子上的中心蓋。應用帶子，並調整到指尖緊。將罐子放入沸水罐中。重複直到所有罐子都裝滿。

e) 加工罐子 10 分鐘，調整高度。關火；取下蓋子，讓罐子靜置 5 分鐘。取出罐子並冷卻。

29. 低糖覆盆子"檸檬水"果醬

品牌：約 6 (½-PT./250-ML) 罐

原料：

- 1.6 千克（3.5 磅）新鮮覆盆子
- ½ 杯（125 毫升）新鮮檸檬汁（約 5 個檸檬）
- 4 湯匙（60 毫升）低糖或無糖果膠
- 375 毫升（1½ 杯）蜂蜜

指示：

a) 將覆盆子放入 6 夸脫的不銹鋼或搪瓷荷蘭烤箱中。用土豆搗碎器壓碎覆盆子。

b) 加入檸檬汁和果膠。將混合物完全沸騰，不能攪拌，在高溫下不斷攪拌。

c) 拌入蜂蜜。使混合物完全沸騰。煮沸 1 分鐘，不斷攪拌。遠離熱源。如有必要，撇去泡沫。

d) 將熱果醬舀入熱罐中，留出 ¼ 英寸（0.5 毫升）的頂部空間。去除氣泡。擦拭罐子邊緣。罐子上的中心蓋。應用帶子，並調整到指尖緊。將罐子放入沸水罐中。重複直到所有罐子都裝滿。

e) 加工罐子 10 分鐘，調整高度。關火；取下蓋子，讓罐子靜置 5 分鐘。取出罐子並冷卻。

30. 番茄香草果醬

品牌：約 4 (½-PT./250-ML) 罐

原料：

- 6 磅（3 千克）李子番茄，去芯並切碎
- 1 茶匙鹽
- ½ 茶匙（2 毫升）現磨黑胡椒粉
- 3 瓣大蒜，切碎
- 2 片月桂葉
- 375 毫升（1½ 杯）糖
- 125 毫升（½ 杯）香醋
- ¼ 杯（60 毫升）幹白葡萄酒
- 2 茶匙（10 毫升）普羅旺斯香草

指示：

a) 在 6 夸脫不銹鋼或搪瓷荷蘭烤箱中混合前 5 種成分。不蓋蓋子，用中高火煮 1 小時或直到減半，經常攪拌。

b) 加入糖和接下來的 3 種成分。不蓋蓋子，用中火煮 45 分鐘或直到變稠，偶爾攪拌。取出並丟棄月桂葉。

c) 將熱果醬倒入熱罐中，留出 ¼ 英寸（0.5 毫升）的頂部空間。去除氣泡。擦拭罐子邊緣。罐子上的中心蓋。應用帶子，並調整到指尖緊。將罐子放入沸水罐中。重複直到所有罐子都裝滿。

d) 加工罐子 10 分鐘，調整高度。關火；取下蓋子，讓罐子靜置 5 分鐘。取出罐子並冷卻。

31. 西葫蘆麵包醬

品牌：約 4 (½-PT./250-ML) 罐

原料：

- 4 杯西葫蘆絲
- 250 毫升（1 杯）蘋果汁
- 6 湯匙經典果膠
- 60 毫升（¼ 杯）金色葡萄乾
- 1 湯匙（15 毫升）瓶裝檸檬汁
- 1 茶匙肉桂粉
- ½ 茶匙（2 毫升）肉荳蔻粉
- 750 毫升（3 杯）糖

指示：

a) 在 6 夸脫不銹鋼或搪瓷荷蘭烤箱中混合所有成分（糖除外）。將混合物完全沸騰，不能攪拌，在高溫下不斷攪拌。

b) 加入糖，攪拌溶解。使混合物完全沸騰。煮沸 1 分鐘，不斷攪拌。遠離熱源。如有必要，撇去泡沫。

c) 將熱果醬舀入熱罐中，頂部留有 ¼ 英寸（0.5 厘米）的空間。去除氣泡。擦拭罐子邊緣。罐子上的中心蓋。應用帶子，並調整到指尖緊。將罐子放入沸水罐中。重複直到所有罐子都裝滿。

d) 加工罐子 15 分鐘，調整高度。關火；取下蓋子，讓罐子靜置 5 分鐘。取出罐子並冷卻。

32. 漿果啤酒果醬

品牌：約 6 (½-PT./250-ML) 罐

原料：

- 2 杯覆盆子、藍莓或草莓
- 2 瓶淡啤酒
- 6 湯匙經典果膠
- 1 茶匙檸檬皮
- 2 湯匙新鮮檸檬汁
- 4 杯糖

指示：

a) 將漿果放入 6 夸脫的不銹鋼或搪瓷荷蘭烤箱中。用土豆搗碎器壓碎漿果。加入啤酒和接下來的 3 種成分。將混合物完全沸騰，不能攪拌，在高溫下不斷攪拌。

b) 加入糖，攪拌溶解。使混合物完全沸騰。煮沸 1 分鐘，不斷攪拌。遠離熱源。如有必要，撇去泡沫。

c) 將熱果醬舀入熱罐中，頂部留有 ¼ 英寸（0.5 厘米）的空間。去除氣泡。擦拭罐子邊緣。罐子上的中心蓋。應用帶子，並調整到指尖緊。將罐子放入沸水罐中。重複直到所有罐子都裝滿。

d) 加工罐子 10 分鐘，調整高度。關火；取下蓋子，讓罐子靜置 5 分鐘。取出罐子並冷卻。

33. 低糖蘋果智利果醬

品牌：約 5 (½-PT./250-ML) 罐

原料：

- 2 個大蘋果（每個約 8.5 盎司/480 克），去皮並磨碎
- 3 湯匙（45 毫升）瓶裝檸檬汁
- 4 杯蘋果汁
- 3 湯匙（45 毫升）低糖或無糖果膠
- 1 湯匙（15 毫升）碎辣椒或乾碎紅辣椒
- 125 毫升（½ 杯）糖
- 125 毫升（½ 杯）蜂蜜

指示：

a) 在 4 夸脫（4 升）不銹鋼或搪瓷荷蘭烤箱中混合磨碎的蘋果和檸檬汁。不斷攪拌，煮 10 分鐘或直到蘋果變軟。

b) 加入蘋果汁、果膠和碎辣椒。將混合物完全沸騰，不能攪拌，在高溫下不斷攪拌。

c) 加入糖和蜂蜜，攪拌使糖溶解。使混合物完全沸騰。煮沸 1 分鐘，不斷攪拌。遠離熱源。如有必要，撇去泡沫。

d) 將熱果醬舀入熱罐中，頂部留有 ¼ 英寸（0.5 厘米）的空間。去除氣泡。擦拭罐子邊緣。罐子上的中心蓋。應用帶子，並調整到指尖緊。將罐子放入沸水罐中。重複直到所有罐子都裝滿。

e) 加工罐子 10 分鐘，調整高度。關火；取下蓋子，讓罐子靜置 5 分鐘。取出罐子並冷卻。

34. 香醋洋蔥醬

品牌：約 5 (½-PT./250-ML) 罐

原料：

- 2 磅（1 千克）洋蔥，切丁
- 125 毫升（½ 杯）香醋
- 125 毫升（½ 杯）楓糖漿
- 1½ 茶匙（7.5 毫升）鹽
- 2 茶匙（10 毫升）白胡椒粉
- 1 片月桂葉
- 2 杯蘋果汁
- 3 湯匙（45 毫升）低糖或無糖果膠
- 125 毫升（½ 杯）糖

指示：

a) 在 6 夸脫不銹鋼或搪瓷荷蘭烤箱中混合前 6 種成分。用中火煮 15 分鐘或直到洋蔥變成半透明，偶爾攪拌。

b) 加入蘋果汁和果膠。將混合物完全沸騰，不能攪拌，在高溫下不斷攪拌。

c) 加入糖，攪拌溶解。使混合物完全沸騰。煮沸 1 分鐘，不斷攪拌。遠離熱源。取出並丟棄月桂葉。如有必要，撇去泡沫。

d) 將熱果醬舀入熱罐中，頂部留有 ¼ 英寸（0.5 厘米）的空間。去除氣泡。擦拭罐子邊緣。罐子上的中心蓋。應用帶子，並調整到指尖緊。將罐子放入沸水罐中。重複直到所有罐子都裝滿。

e) 加工罐子 15 分鐘，調整高度。關火；取下蓋子，讓罐子靜置 5 分鐘。取出罐子並冷卻。

35. 藍莓檸檬果醬

品牌：約 4 (½-PT./250-ML) 罐

原料：

- 4 杯新鮮藍莓
- 1.6 升（3½ 杯）糖
- 1 茶匙檸檬皮
- 1 湯匙（15 毫升）新鮮檸檬汁
- 1 袋（3 盎司/88.5 毫升）液體果膠

指示：

a) 洗淨、瀝乾並用勺子輕輕壓碎藍莓（剛好足以裂開外皮）。將 2½ 杯（625 毫升）壓碎的藍莓放入 6 夸脫不銹鋼或搪瓷荷蘭烤箱中。

b) 加入糖和接下來的兩種成分。將混合物完全沸騰，不能攪拌，在高溫下不斷攪拌。

c) 添加果膠，立即從小袋中擠出全部內容物。繼續煮沸 1 分鐘，不斷攪拌。遠離熱源。如有必要，撇去泡沫。

d) 將熱混合物倒入熱罐中，留出 ¼ 英寸（0.5 厘米）的頂部空間。去除氣泡。擦拭罐子邊緣。罐子上的中心蓋。應用帶子，並調整到指尖緊。將罐子放入沸水罐中。重複直到所有罐子都裝滿。

e) 加工罐子 10 分鐘，調整高度。關火；取下蓋子，讓罐子靜置 5 分鐘。取出罐子並冷卻。

36. 蘋果醬

原料：

- 2 杯去皮、去核和切碎的梨
- 1 杯去皮、去核和切碎的蘋果
- 6.5 杯糖
- ¼ 茶匙肉桂粉
- ⅓ 杯瓶裝檸檬汁
- 6 盎司液體果膠

指示：

a) 在大平底鍋中壓碎蘋果和梨，加入肉桂粉攪拌。

b) 將糖和檸檬汁與水果充分混合，並在高溫下煮沸，不斷攪拌。立即攪拌果膠。完全煮沸並煮沸 1 分鐘，不斷攪拌。

c) 遠離熱源，迅速撇去泡沫，然後裝滿無菌罐，留出 ¼ 英寸的頂部空間。用蘸濕的干淨紙巾擦拭罐子邊緣。

d) 調整蓋子和過程。

37. 草莓大黃果凍

原料：

- 1.5 磅大黃紅莖
- 1½ 夸脫成熟的草莓
- ½ 茶匙黃油或人造黃油以減少泡沫
- 6 杯糖
- 6 盎司液體果膠

指示：

a) 將大黃洗淨並切成 1 英寸的碎片，然後混合或研磨。在平底鍋中清洗、去梗和壓碎草莓，一次一層。

b) 將兩種水果放入果凍袋或雙層粗棉布中，輕輕擠出果汁。將 3-½ 杯果汁倒入一個大平底鍋中。加入黃油和糖，充分攪拌成汁。

c) 在高溫下煮沸，不斷攪拌。立即攪拌果膠。完全煮沸並煮沸 1 分鐘，不斷攪拌。

d) 遠離熱源，迅速撇去泡沫，然後裝滿無菌罐，留出 ¼ 英寸的頂部空間。用蘸濕的干淨紙巾擦拭罐子邊緣。

e) 調整蓋子和過程。

38. 藍莓果醬

原料：

- 2-½ 品脫成熟的藍莓
- 1 湯匙檸檬汁
- ½ 茶匙肉荳蔻粉或肉桂粉
- 5-½ 杯糖
- ¾杯水
- 1 盒（1-¾ 盎司）果膠粉

指示：

a) 在平底鍋中清洗並徹底壓碎藍莓，一次一層。加入檸檬汁、香料和水。加入果膠，在高溫下完全沸騰，經常攪拌。

b) 加入糖並再次完全沸騰。煮沸 1 分鐘，不斷攪拌。

c) 遠離熱源，迅速撇去泡沫，然後裝滿無菌罐，留出 ¼ 英寸的頂部空間。用蘸濕的干淨紙巾擦拭罐子邊緣。

d) 調整蓋子和過程。

39. 葡萄梅果凍

原料：

- 3-½ 磅成熟的李子
- 3 磅成熟的康科德葡萄
- 1 杯水
- ½ 茶匙黃油或人造黃油以減少泡沫（可選）
- 8-½ 杯糖
- 1 盒（1-¾ 盎司）果膠粉

指示：

a) 李子洗淨去核；不要剝皮。在裝有水的平底鍋中，將李子和葡萄徹底壓碎，一次一層。煮沸，蓋上鍋蓋，燉 10 分鐘。

b) 通過果凍袋或雙層粗棉布過濾果汁。測量糖並放在一邊。

c) 在大平底鍋中混合 6-½ 杯果汁、黃油和果膠。在高溫下煮沸，不斷攪拌。加入糖並再次完全沸騰。煮沸 1 分鐘，不斷攪拌。

d) 遠離熱源，迅速撇去泡沫，然後裝滿無菌罐，留出 ¼ 英寸的頂部空間。用蘸濕的干淨紙巾擦拭罐子邊緣。

e) 調整蓋子和過程。

40. 金椒果凍

原料：

- 5 杯切碎的黃色甜椒
- ½ 杯切碎的塞拉諾辣椒
- 1.5 杯白蒸餾醋 (5%)
- 5 杯糖
- 1 袋（3 盎司）液體果膠

指示：

a) 徹底清洗所有辣椒；去除辣椒的莖和種子。將甜椒和辣椒放入攪拌機或食品加工機中。

b) 加入足量的醋將辣椒攪成泥，然後再攪成泥。將胡椒醋泥和剩餘的醋混合到一個 8 或 10 夸脫的平底鍋中。加熱至沸騰；然後煮沸 10 分鐘以提取風味和顏色。

c) 從熱源中取出並通過果凍袋過濾到碗中。（果凍袋是首選；也可以使用幾層粗棉布。）

d) 將 2-¼ 杯過濾後的胡椒醋汁倒回平底鍋中。加入糖攪拌直至溶解，然後將混合物重新煮沸。加入果膠，重新完全沸騰並用力煮 1 分鐘，同時不斷攪拌。

e) 遠離熱源，快速撇去任何泡沫，然後裝入無菌罐中，留出 ¼ 英寸的頂部空間。用蘸濕的干淨紙巾擦拭罐子邊緣。

f) 調整蓋子和過程。

41. 桃菠蘿醬

原料：

- 4 杯瀝乾的桃果肉
- 2 杯瀝乾的不加糖碎菠蘿
- ¼ 杯瓶裝檸檬汁
- 2 杯糖（可選）

指示：

a) 徹底清洗 4 到 6 磅結實、成熟的桃子。排水良好。去皮並去除凹坑。用中號或粗刀片研磨果肉，或用叉子壓碎（不要使用攪拌器）。

b) 將磨碎或壓碎的水果放入 2 夸脫的平底鍋中。慢慢加熱以釋放果汁，不斷攪拌，直到水果變軟。

c) 將煮熟的水果放入襯有四層粗棉布的果凍袋或過濾器中。讓果汁滴下約 15 分鐘。將果汁留作果凍或其他用途。

d) 量取 4 杯瀝乾的果肉用於塗抹。將 4 杯果肉、菠蘿和檸檬汁混合在一個 4 夸脫的平底鍋中。如果需要，最多可加入 2 杯糖，並充分混合。加熱並輕輕煮沸 10 至 15 分鐘，充分攪拌以防止粘連。

e) 快速裝滿熱罐，留下 ¼ 英寸的頂部空間。用蘸濕的干淨紙巾擦拭罐子邊緣。

f) 調整蓋子和過程。

42. 冷藏蘋果醬

成份：

- 2 湯匙無味明膠粉
- 1 夸脫瓶裝無糖蘋果汁
- 2 湯匙瓶裝檸檬汁
- 2 湯匙液體低熱量甜味劑
- 食用色素，如果需要

指示：

a) 在平底鍋中，軟化蘋果汁和檸檬汁中的明膠。要溶解明膠，將其完全煮沸並煮沸 2 分鐘。遠離熱源。如果需要，加入甜味劑和食用色素。

b) 裝滿罐子，留下 ¼ 英寸的頂部空間。用蘸濕的干淨紙巾擦拭罐子邊緣。調整蓋子。不要加工或冷凍。

c) 儲存在冰箱中並在 4 週內使用。

43. 冰箱葡萄果醬

原料：

- 2 湯匙無味明膠粉
- 1 瓶（24 盎司）不加糖的葡萄汁
- 2 湯匙瓶裝檸檬汁
- 2 湯匙液體低熱量甜味劑

指示：

a) 在平底鍋中，軟化葡萄汁和檸檬汁中的明膠。完全煮沸以溶解明膠。煮沸 1 分鐘，然後熄火。加入甜味劑。

b) 快速裝滿熱罐，留下 ¼ 英寸的頂部空間。用蘸濕的干淨紙巾擦拭罐子邊緣。

c) 調整蓋子。不要加工或冷凍。

d) 儲存在冰箱中並在 4 週內使用。

44. 果膠粉櫻桃果凍

原料：

- 3.5 杯櫻桃汁
- 1 包粉狀果膠
- 4.5 杯糖

指示：

a) 準備果汁。選擇完全成熟的櫻桃。分類、清洗和去除莖；不要坑。櫻桃搗碎，加水，蓋上鍋蓋，大火煮沸。關小火慢燉 10 分鐘。榨汁。

b) 做果凍。將果汁倒入水壺中。加入果膠並攪拌均勻。置於高溫下，不斷攪拌，迅速將其完全沸騰，不能攪拌。

c) 加入糖，繼續攪拌，再次加熱至完全沸騰。用力煮 1 分鐘。

d) 遠離熱源；快速撇去泡沫。將果凍倒入熱的、無菌的罐頭罐中，距離頂部 ¼ 英寸。密封，並在沸水浴中處理 5 分鐘。

45. 果膠粉櫻桃果醬

原料：

- 4 杯磨碎的去核櫻桃
- 1 包粉狀果膠
- 5 杯糖

指示：

a) 準備水果。對完全成熟的櫻桃進行分類和清洗；去除莖和凹坑。研磨櫻桃或切碎。

b) 做果醬。將準備好的櫻桃量入水壺中。加入果膠並攪拌均勻。放在高溫下，不斷攪拌，迅速煮沸，整個表面都有氣泡。

c) 加入糖，繼續攪拌，再次加熱至完全沸騰。煮沸 1 分鐘，不斷攪拌。遠離熱源；撇去。

d) 立即倒入熱的、無菌的罐頭罐中，距離頂部 ¼ 英寸。密封並在沸水浴中處理 5 分鐘。

46. 液體果膠無花果醬

原料：

- 4 杯碎無花果（約 3 磅無花果）
- ½ 杯檸檬汁
- 7.5 杯糖
- ½瓶液體果膠

指示：

a) 準備水果。挑選並清洗完全成熟的無花果；去除莖端。壓碎或研磨水果。

b) 做果醬。將壓碎的無花果和檸檬汁放入水壺中。加入糖並攪拌均勻。放在高溫下，不斷攪拌，迅速煮沸，整個表面都有氣泡。煮沸 1 分鐘，不斷攪拌。

c) 遠離熱源。加入果膠。快速撇去泡沫。立即倒入熱的、無菌的罐頭罐中，距離頂部 ¼ 英寸。密封並在沸水浴中處理 5 分鐘。

47. 葡萄果凍果膠粉

原料：

- 5 杯葡萄汁
- 1 包粉狀果膠
- 7 杯糖

指示：

a) 準備果汁。對完全成熟的葡萄進行分類、清洗和去除莖。將葡萄壓碎，加水，蓋上鍋蓋，大火煮沸。關小火慢燉 10 分鐘。榨汁。

b) 做果凍。將果汁倒入水壺中。加入果膠並攪拌均勻。置於高溫下，不斷攪拌，迅速將其完全沸騰，不能攪拌。

c) 加入糖，繼續攪拌，再次完全沸騰。用力煮 1 分鐘。

d) 遠離熱源；快速撇去泡沫。立即將果凍倒入熱的、無菌的罐頭罐中，距離頂部 ¼ 英寸。密封並在沸水浴中處理 5 分鐘。

48. 液體果膠薄荷菠蘿醬

原料：

- 一罐 20 盎司碎菠蘿 ¾ 杯水
- ¼杯檸檬汁
- 7.5 杯糖
- 1 瓶液體果膠 ½ 茶匙薄荷提取物 幾滴綠色色素

指示：

a) 將壓碎的菠蘿放入水壺中。加入水、檸檬汁和糖。攪拌均勻。

b) 放在高溫下並不斷攪拌，迅速煮沸，整個表面都有氣泡。煮沸1分鐘，不斷攪拌。遠離熱源；添加果膠、風味提取物和色素。撇去。

c) 立即倒入熱的、無菌的罐頭罐中，距離頂部 ¼ 英寸。密封並在沸水浴中處理 5 分鐘。

49. 液態果膠混合果凍

原料：

- 2 杯蔓越莓汁
- 2 杯榲桲汁
- 1 杯蘋果汁
- 7.5 杯糖
- ½ 瓶液體果膠

指示：

a) 準備水果。挑選並清洗完全成熟的蔓越莓。加水，蓋上鍋蓋，大火煮沸。關小火慢燉 20 分鐘。榨汁。

b) 分類並清洗榲桲。去除莖和花的末端；不要削皮或去核。切成薄片或切成小塊。加水，蓋上鍋蓋，大火煮沸。關小火慢燉 25 分鐘。榨汁。

c) 分類和清洗蘋果。去除莖和花的末端；不要削皮或去核。切成小塊。加水，蓋上鍋蓋，大火煮沸。減少熱量並燉 20 分鐘。榨汁。

d) 做果凍。將果汁倒入水壺中。加入糖攪拌。放在高溫下，不斷攪拌，迅速完全沸騰，滾滾沸騰，無法攪拌。

e) 加入果膠並再次完全沸騰。用力煮 1 分鐘。

f) 遠離熱源；快速撇去泡沫。立即將果凍倒入熱的、無菌的罐頭罐中，距離頂部 ¼ 英寸。密封，並在沸水浴中處理 5 分鐘。

品牌：九個或十個 8 盎司罐裝。

50. 橘子果凍

製作：4 或 5 個半品脫罐。

原料：

- 3 ¼ 杯糖
- 1 杯水
- 3 湯匙檸檬汁 ½ 瓶液體果膠
- 一罐 6 盎司（¾ 杯）冷凍濃縮橙汁

指示：

a) 將糖倒入水中攪拌。放在高溫下，不斷攪拌，迅速完全沸騰，滾滾沸騰，無法攪拌。

b) 加入檸檬汁。用力煮 1 分鐘。

c) 遠離熱源。加入果膠。加入解凍的濃縮橙汁拌勻。

d) 立即將果凍倒入熱的、無菌的罐頭罐中，距離頂部 ¼ 英寸。密封並在沸水浴中處理 5 分鐘。

51. 五香橙果凍

製作：4 個半品脫罐。

原料：

- 2 杯橙汁
- ⅓ 杯檸檬汁
- ⅔ 杯水
- 1 包粉狀果膠
- 2 湯匙橙皮，切碎
- 1 茶匙五香粉
- ½ 茶匙整個丁香
- 4 根肉桂棒，2 英寸長
- 3.5 杯糖

指示：

a) 在大平底鍋中混合橙汁、檸檬汁和水。

b) 加入果膠。

c) 將橙皮、多香果、丁香和肉桂棒鬆鬆地放在一塊乾淨的白布上，用繩子係好，然後加入水果混合物。

d) 放在高溫下，不斷攪拌，迅速完全沸騰，滾滾沸騰，無法攪拌。

e) 加入糖，繼續攪拌，再次加熱至完全沸騰。用力煮 1 分鐘。

f) 遠離熱源。取出香料袋并快速撇去泡沫。立即將果凍倒入熱的、無菌的罐頭罐中，距離頂部 ¼ 英寸。密封，並在沸水浴中處理 5 分鐘。

52. 橘子果醬

原料：

- ¾ 杯葡萄柚皮（½ 葡萄柚）
- ¾ 杯橙皮（1 個橙子）
- 13/ 杯檸檬皮（1 個檸檬）
- 1 夸脫冷水
- 1 個葡萄柚果肉
- 4 個中型橙子的果肉
- 2 杯檸檬汁
- 2 杯開水
- 3 杯糖

指示：

a) 準備水果。水果洗淨去皮。將果皮切成細條。加入冷水並在有蓋的平底鍋中燉至變軟（約 30 分鐘）。流走。

b) 從去皮的水果中去除種子和膜。將水果切成小塊。

c) 做果醬。果皮和水果加入開水。加入糖並迅速煮沸至高於水沸點 9°F（約 20 分鐘），並經常攪拌。遠離熱源；撇去。

d) 立即倒入熱的、無菌的罐頭罐中，距離頂部 ¼ 英寸。密封並在沸水浴中處理 5 分鐘。

製作：3 或 4 個半品脫罐。

53. 杏橙果醬

原料：

- 3.5 杯切碎的杏子
- 1.5 杯橙汁
- ½ 橙皮，切碎
- 2 湯匙檸檬汁
- 3 ¼ 杯糖
- ½ 杯切碎的堅果

指示：

a) 準備杏乾。將杏子放入 3 杯水中煮至變軟（約 20 分鐘）；瀝乾並切碎。

b) 為了節約。混合除堅果外的所有成分。煮至高於水沸點 9 °F，或煮至濃稠，不斷攪拌。加入堅果；攪拌均勻。遠離熱源；撇去。

c) 立即倒入熱的、無菌的罐頭罐中，距離頂部 ¼ 英寸。密封，在沸水浴中處理 5 分鐘。

54. 桃果醬果膠粉

製作：大約 6 個半品脫罐。

原料：

- 3 ¾ 杯碎桃子
- ½ 杯檸檬汁
- 1 包粉狀果膠
- 5 杯糖

指示：

a) 準備水果。分類並清洗完全成熟的桃子。去除莖、皮和果核。壓碎桃子。

b) 做果醬。將壓碎的桃子量入水壺中。加入檸檬汁和果膠；攪拌均勻。放在高溫下，不斷攪拌，迅速煮沸，整個表面都有氣泡。

c) 加入糖，繼續攪拌，再次加熱至完全沸騰。煮沸 1 分鐘，不斷攪拌。遠離熱源；撇去。

d) 立即倒入熱的、無菌的罐頭罐中，距離頂部 ¼ 英寸。密封，在沸水浴中處理 5 分鐘。

55. 五香藍莓桃果醬

製作：6 或 7 個半品脫罐。

原料：

- 4 杯切碎或磨碎的桃子
- 4 杯藍莓
- 2 湯匙檸檬汁
- ½ 杯水
- 5 ½ 杯糖
- ½ 茶匙鹽
- 1 棒肉桂
- ½ 茶匙整個丁香
- ¼ 茶匙五香粉

指示：

a) 準備水果。挑選並清洗完全成熟的桃子；剝皮並去除凹坑。切碎或研磨桃子。

b) 分類、清洗並去除新鮮藍莓的所有莖。

c) 解凍冷凍漿果。

d) 做果醬。將水果量入水壺中；加入檸檬汁和水。蓋上蓋子，煮沸，小火煮 10 分鐘，偶爾攪拌。

e) 加入糖和鹽；攪拌均勻。加入裹在粗棉布中的香料。快速煮沸，不斷攪拌，至水沸點以上 9 °F，或直至混合物變稠。

f) 立即倒入熱的、無菌的罐頭罐中，距離頂部 ¼ 英寸。密封，在沸水浴中處理 5 分鐘。

56. 液體果膠菠蘿醬

製作：4 或 5 個半品脫罐。

原料：

- 一罐 20 盎司碎菠蘿
- 3 湯匙檸檬汁
- 3 ¼ 杯糖
- ½ 瓶液體果膠

指示：

a) 將菠蘿和檸檬汁混合在水壺中。加入糖並攪拌均勻。放在高溫下，不斷攪拌，迅速煮沸，整個表面都有氣泡。

b) 煮沸 1 分鐘，不斷攪拌。

c) 遠離熱源；加入果膠。撇去。

d) 靜置 5 分鐘。

e) 立即倒入熱的、無菌的罐頭罐中，距離頂部 ¼ 英寸。

f) 密封，在沸水浴中處理 5 分鐘。

57. 果膠梅子凍

製作：7 或 8 個半品脫罐。

原料：

- 4 杯李子汁
- 7.5 杯糖
- ½ 瓶液體果膠

指示：

a) 準備果汁。挑選並清洗完全成熟的李子並切塊；不要剝皮或去核。將水果壓碎，加水，蓋上鍋蓋，用大火煮沸。關小火慢燉 10 分鐘。榨汁。

b) 做果凍。將果汁倒入水壺中。加入糖攪拌。放在高溫下，不斷攪拌，迅速完全沸騰，滾滾沸騰，無法攪拌。

c) 添加果膠；再次充分沸騰。煮沸 1 分鐘。

d) 遠離熱源；快速撇去泡沫。立即將果凍倒入熱的、無菌的罐頭罐中，距離頂部 ¼ 英寸。密封並在沸水浴中處理 5 分鐘。

58. 果膠粉草莓醬

原料：

- 5 ½ 杯碎草莓
- 1 包粉狀果膠
- 8 杯糖

指示：

a) 準備水果。挑選並清洗完全成熟的草莓；重新移動閥桿和閥蓋。壓碎漿果。

b) 做果醬。將壓碎的草莓量入水壺中。加入果膠並攪拌均勻。放在高溫下，不斷攪拌，迅速煮沸，整個表面都有氣泡。

c) 加入糖，繼續攪拌，再次加熱至完全沸騰。煮沸 1 分鐘，不斷攪拌。遠離熱源；撇去。

d) 立即倒入熱的、無菌的罐頭罐中，距離頂部 ¼ 英寸。密封，在沸水浴中處理 5 分鐘。

e) 品牌：9 或 10 半品脫罐。

59. 水果果醬

製作：6 或 7 個半品脫罐。

原料：
- 3 杯切碎或磨碎的梨
- 1 個大橙子
- ¾ 杯瀝乾的碎菠蘿
- ¼ 杯切碎的酒浸櫻桃
- ¼ 杯檸檬汁
- 1 包粉狀果膠
- 5 杯糖

指示：

a) 準備水果。挑選並清洗成熟的梨；削減和核心。將梨切碎或磨碎。將橙子去皮，去籽，切碎或磨碎果肉。

b) 做果醬。將切碎的梨量入水壺中。加入橙子、菠蘿、櫻桃和檸檬汁。加入果膠。

c) 放在高溫下，不斷攪拌，迅速煮沸，整個表面都有氣泡。

d) 加入糖，繼續攪拌，再次加熱至完全沸騰。煮沸 1 分鐘，不斷攪拌。遠離熱源；撇去。

e) 立即倒入熱的、無菌的罐頭罐中，距離頂部 ¼ 英寸。密封，在沸水浴中處理 5 分鐘。

60. 葡萄保鮮

成份：

- 3 磅葡萄
- 3 磅糖
- 1 磅 去籽葡萄乾
- 3 個橙子
- ½ 磅核桃肉，切碎

指示：

a) 將葡萄皮與果肉分開。將果肉煮約 10 分鐘，然後在與外皮結合之前過濾去除種子。

b) 將葡萄乾和橙子放入食物切碎機中。添加到葡萄。

c) 加入糖，慢慢煮約 45 分鐘，經常攪拌。

d) 關閉前先加入核桃。倒入小罐子中並密封。

無果膠果醬

61. 無果膠黑莓果凍

原料：

- 8 杯黑莓汁
- 6 杯糖

指示：

a) 準備果汁。選擇四分之一未成熟漿果到四分之三成熟果實的比例。分類清洗；去除任何莖或帽。壓碎漿果，加水，蓋上鍋蓋，用大火煮沸。關小火慢燉 5 分鐘。榨汁。

b) 做果凍。將果汁倒入水壺中。加入糖並攪拌均勻。在高溫下煮沸至高於水沸點 8 °F，或直到果凍混合物從勺子中落成薄片。

c) 遠離熱源；快速撇去泡沫。立即將果凍倒入熱的、無菌的罐頭罐中，距離頂部 ¼ 英寸。密封，並在沸水浴中處理 5 分鐘。

62. 不添加果膠的蘋果凍

原料：

- 4 杯蘋果汁
- 2 湯匙濾過的檸檬汁，如果需要
- 3 杯糖

指示：

a) 準備果汁。使用四分之一未成熟蘋果與四分之三完全成熟的酸果的比例。

b) 分類、清洗和去除莖和花的末端；不要削皮或去核。將蘋果切成小塊。加水，蓋上鍋蓋，大火煮沸。關小火慢燉 20 到 25 分鐘或直到蘋果變軟。榨汁。

c) 做果凍。將蘋果汁倒入水壺中。加入檸檬汁和糖，攪拌均勻。在高溫下煮沸至高於水沸點 8 ºF，或直到果凍混合物從勺子中落成薄片。

d) 遠離熱源；快速撇去泡沫。立即將果凍倒入熱的、無菌的罐頭罐中，距離頂部 ¼ 英寸。密封並在沸水浴中處理 5 分鐘。

63. 不添加果膠的蘋果醬

原料：

- 8 杯切成薄片的蘋果
- 1 個橙子
- 1½ 杯水
- 5 杯糖
- 2 湯匙檸檬汁

指示：

a) 準備水果。選擇酸蘋果。將蘋果清洗、削皮、切成四分之一併去核。薄片。將橙子切成四分之一，去掉種子，然後切成薄片。

b) 做果醬。加熱水和糖，直到糖溶解。加入檸檬汁和水果。快速煮沸，不斷攪拌，至水沸點以上 9 °F，或直至混合物變稠。遠離熱源；撇去。

c) 立即倒入熱的、無菌的罐頭罐中，距離頂部 ½ 英寸。海豹。在沸水浴中處理 5 分鐘。

64. 未添加果膠的木瓜果凍

製作：大約四個 8 盎司的罐子

原料：

- 3 ¾ 杯榅桲汁
- ⅓杯檸檬汁
- 3 杯糖

指示：

a) 準備果汁。選擇大約四分之一未成熟的木瓜和四分之三完全成熟的水果的比例。分類、清洗和去除莖和花梢；不要削皮或去核。將榅桲切成薄片或切成小塊。

b) 加水，蓋上鍋蓋，大火煮沸。關小火慢燉 25 分鐘。榨汁。

c) 做果凍。將榅桲汁倒入水壺中。加入檸檬汁和糖。攪拌均勻。在高溫下煮沸至高於水沸點 8 °F，或直到果凍混合物從勺子中形成薄片。

d) 遠離熱源；快速撇去泡沫。將果凍倒入熱的、無菌的罐頭罐中，距離頂部 ¼ 英寸。密封，並在沸水浴中處理 5 分鐘。

新鮮果醬

65. 粉紅檸檬水阿薩伊果醬

製作：大約 ¾ 杯

原料：

- 1 杯巴西莓果泥
- ¼杯蔗糖
- 2 湯匙粉色檸檬水
- 鹽少許
- 3 湯匙磨碎的奇亞籽

指示：

a) 在小鍋中將巴西莓、糖、粉紅檸檬水和少許鹽攪拌在一起。

b) 用文火煮 10-15 分鐘，直到稍微變稠。

c) 加入奇亞籽粉攪拌均勻。

d) 靜置至室溫，然後轉移到容器中冷藏直至可以使用。

66. 草莓薰衣草果醬

製造：1 批

原料：

- 1 磅草莓
- 1 磅糖
- 24 薰衣草莖
- 2 個檸檬，果汁

指示：

a) 將草莓清洗、乾燥並去殼。

b) 將它們與糖和 1 打薰衣草莖一起放入碗中，然後將它們放在涼爽的地方過夜。

c) 丟棄薰衣草並將漿果混合物放入非鋁製平底鍋中。

d) 將剩餘的薰衣草莖綁在一起，然後將它們添加到漿果中。

e) 加入檸檬汁。

f) 煮至沸騰，然後文火煮 25 分鐘。

g) 從頂部撇去任何泡沫。丟棄薰衣草並將果醬倒入經過消毒的罐子中。海豹。

67. 金銀花糖漿

製作：1 份

原料：

- 4 磅新鮮金銀花花瓣
- 8 品脫開水
- 糖

指示：

a) 將花瓣浸泡在水中 12 小時。

b) 擱置幾個小時。

c) 倒出並加入兩倍重量的糖，製成糖漿。

68. 大黄、玫瑰和草莓酱

品牌：約 6 品脫

原料：

- 2 磅大黃
- 1 磅草莓
- ½ 磅香味濃郁的玫瑰花瓣
- 1.5 磅糖
- 4 個多汁的檸檬，包括種子，被放在一邊

指示：

a) 將大黃切片，與整個去殼草莓和糖一起放入碗中。倒入檸檬汁，蓋上蓋子，放置過夜。

b) 將碗中的內容物倒入不反應的鍋中。加入綁在平紋細布袋中的檸檬種子，輕輕煮沸。煮沸 2 分鐘，然後將鍋中的內容物倒回碗中。再次蓋上蓋子，放在陰涼處過夜。

c) 將大黃和草莓混合物放回鍋中。

d) 去除玫瑰花瓣底部的白色尖端，將花瓣放入鍋中，將它們向下推入水果中。

e) 煮沸并快速煮沸直至達到設定點，然後倒入溫暖的消毒罐中。

f) 密封和處理。

69. 蘋果苔糖漿

品牌：4

原料：

- ½ 杯野花蜂蜜
- 32 盎司蘋果汁
- 1 湯匙海苔凝膠
- 半個酸橙榨汁

指示：

a) 將蘋果汁通過細網過濾器倒入爐子上的小鍋中。將爐子溫度設置為中高。

b) 加入蜂蜜並攪拌直至混合

c) 將爐子溫度調整到液體冒泡而不會飛濺的程度

d) 添加剩餘成分並繼續攪拌。

e) 隨著液體的減少和內容物變得更加濃縮，您可能需要調整到較低的溫度。

f) 在爐子上煮，直到剩下 ⅓ 到 ¼ 的起始液體。

g) 要測試稠度，將 1-3 湯匙放入一個小玻璃碗中，然後放入冰箱 30 秒到 1 分鐘。

h) 用牙籤或乾淨的手指接觸液體，然後慢慢抬起手指。

i) 您要尋找的是盡可能接近蜂蜜的稠度。

j) 剩下的煮得越多，稠度就越濃。你決定你想要多薄或多厚

k) 一旦液體煮熟並且達到所需的稠度，關閉爐子並讓它冷卻約 10 分鐘。液體應該仍然很熱但不會沸騰。

l) 通過細網過濾器將液體過濾到玻璃瓶中。

m) 將蓋子蓋在罐子上，讓它冷卻。

70. 海苔蘋果醬

品牌：4

原料：

- 10 個有機蘋果，洗淨去皮
- 2 湯匙你最喜歡的風味茶
- 2.5 杯水
- 可選：楓糖漿

指示：

a) 粗切蘋果並將它們分成 2 個碗。每個碗將包含大約 3.5 杯蘋果。

b) 每壺使用 2.5 杯水和 2 湯匙茶沖泡 2 壺茶。

c) 將茶過濾並在火焰/熱量低的情況下將液體放回鍋中。

d) 在每個鍋中加入 3.5 杯切碎的蘋果。

e) 用文火燉至蘋果變軟，可以輕鬆戳穿或搗碎。

f) 蘋果吃完後，把火調大，把多餘的液體煮沸。

g) 一旦液體減少到鍋中蘋果數量的 50%，使用棒式攪拌機或攪拌機攪拌。

h) 你的蘋果醬本身應該是甜的，但由於每次收成都不一樣，蘋果可能需要幫助。在這種情況下，加一點楓糖漿直到滿意為止

i) 用勺子舀或倒入乾淨、消毒過的玻璃罐中。

j) 冷靜。

k) 一旦冷卻，蓋上蓋子並冷藏。

l) 上桌時，用勺子將 2 湯匙準備好的海苔倒入蘋果醬中，混合即可享用。

71. 阿薩伊奇亞果醬

製作：大約 ¾ 杯

原料：

- 阿薩伊醬
- ¼杯蔗糖
- 2 湯匙檸檬汁
- 鹽少許
- 3 湯匙磨碎的奇亞籽

指示：

a) 在小鍋中將巴西莓、糖、檸檬汁和少許鹽攪拌在一起。用文火煮 10-15 分鐘，直到稍微變稠。

b) 加入奇亞籽粉攪拌均勻。靜置至室溫，然後轉移到容器中冷藏直至可以使用。

冷凍果醬

72. 草莓冷凍果醬

使： 3 磅

原料：

- 600 克（1¼ 磅）新鮮草莓
- 2 磅細砂糖
- 3 湯匙（50 毫升）檸檬汁
- ½ 瓶液體果膠

指示：

a) 用木勺將草莓壓碎在一個大碗裡。

b) 加入糖，在溫暖的廚房中靜置約 1 小時，不時攪拌直至糖溶解。

c) 加入液體果膠並攪拌均勻。

d) 加入檸檬汁，繼續攪拌 2 分鐘。

e) 舀入小容器中，蓋好。在溫暖的地方靜置 48 小時，然後冷凍。

73. 獼猴桃果醬

原料：

- 550 克（1¼ 磅）奇異果
- 2 磅糖（最好是細砂糖）
- ½ 瓶液體果膠
- 2 湯匙（30 毫升）檸檬汁

指示：

a) 將水果削薄，去掉莖端的硬塊。

b) 將水果徹底壓碎並與糖混合。

c) 在溫暖的廚房中放置 1 小時，不時攪拌。

d) 加入液體果膠並充分混合。

e) 加入檸檬汁並攪拌 2 分鐘以充分混合。

f) 轉移到合適的小型冷凍容器中，留出擴展空間。

g) 蓋上冷凍箔或保鮮膜。

h) 在溫暖的廚房中靜置 24 - 48 小時，然後冷凍。

74. 覆盆子/黑醋栗果醬

使：3 磅

原料：

- 600 克（1¼ 磅）覆盆子或黑醋栗
- 2 磅細砂糖
- 2 湯匙（30 毫升）檸檬汁 ½ 瓶液體果膠

指示：

a) 壓碎覆盆子：如果使用黑加侖子，將其置於脈衝設置的液化器中，並使用短脈衝來打碎外皮。將糖放入碗中並充分攪拌。

b) 在溫暖的廚房中靜置約 1 小時，偶爾攪拌直至糖溶解。

c) 加入液體果膠並攪拌 2 分鐘。

d) 加入檸檬汁，繼續攪拌 2 分鐘。

e) 舀入小容器中，蓋好。在溫暖的地方靜置 48 小時，然後冷凍。

傳統果醬

75. 蘋果姜

使： 5 磅

原料：
- 3 磅烹飪蘋果
- 3 磅糖
- 850 毫升（1½ 品脫）水
- 1 盎司（30 克）碎根生薑，裝在平紋細布袋中
- 2 盎司（55 克）切碎的結晶姜
- ½ 瓶液體果膠

指示：

a) 將蘋果去皮去核，將去皮和核放入裝有水的平底鍋中，煮沸並煮沸 10 分鐘，壓碎並過濾。

b) 將蘋果切成薄片，放入盛有過濾果汁的大平底鍋中，將生薑懸空，用文火慢燉，直至蘋果變軟。

c) 將糖加入煮熟的蘋果中，慢慢加熱，不時攪拌直至糖溶解。

d) 加入結晶姜，完全沸騰并快速煮沸 2 分鐘。

e) 從火上移開，取出平紋細布袋並加入液體果膠攪拌。

f) 交替攪拌和脫脂八分鐘，以冷卻並防止漂浮水果。

g) 以通常的方式裝鍋並蓋上蓋子。

76. 杏醬

使： 5 磅

原料：

- 2 磅杏子（熟）
- 3 磅糖
- ½ 瓶液體果膠

指示：

a) 將杏去核切成小塊，徹底壓碎。不要剝皮。

b) 將水果和糖一起放入鍋中，不時輕輕攪拌直至糖溶解。

c) 快速完全沸騰并快速煮沸 1 分鐘，偶爾攪拌。

d) 從火上移開並加入液體果膠攪拌。

e) 以通常的方式脫脂、鍋和蓋。

77. 蘋果和黑莓果醬

使： 8 磅

原料：
- 2 磅準備好的蘋果
- 5 磅（2.3 千克）糖
- 1.5 磅（700 克）黑莓 1 個檸檬汁
- 1 瓶液體果膠

指示：

a) 蘋果去核去皮，切成小塊，放入裝有 ¼ 品脫水的大平底鍋中。

b) 煮沸，文火煮 15 分鐘。

c) 將黑莓徹底壓碎，放入另一個裝有 4 湯匙（60 毫升）的平底鍋中

d) 水。

e) 燉 10-15 分鐘。

f) 放入果凍布中，讓果汁流乾。如有必要，量取並加水，製成 1 品脫（570 毫升）。

g) 將糖和檸檬汁加入蘋果果肉中。

h) 慢慢加熱直到糖溶解，不斷攪拌。

i) 完全沸騰並煮沸

j) 2 分鐘。

k) 從火上移開並加入液體果膠攪拌。

l) 以通常的方式脫脂、鍋和蓋。

78. 黑葡萄波特酒果醬

使： 7 磅

原料：

- 4 磅（1.8 千克）黑葡萄 4.5 磅（2.1 千克）糖
- 1 個檸檬的 ¼ 品脫水果汁
- 3 湯匙（950 毫升）波特酒
- 1 瓶液體果膠

指示：

a) 僅使用完全成熟的葡萄，清洗水果並去除果核。

b) 放入裝有水的平底鍋中，用文火煮至變軟（約 15 分鐘）。

c) 加入檸檬汁和糖。

d) 完全沸騰并快速煮沸 5 分鐘。

e) 如有必要，從火上移開並撇去油脂。添加液體果膠和波特酒。

f) 稍微冷卻以防止水果漂浮。

g) 以通常的方式裝鍋並蓋上蓋子。

79. 黑莓果醬

使： 5 磅

原料：

- 2 磅漿果
- 3 磅糖
- ½ 瓶液體果膠

指示：

a) 僅使用完全成熟的水果。徹底壓碎。

b) 將準備好的水果和糖放入一個大平底鍋中，充分混合併輕輕加熱直至糖溶解。

c) 完全煮沸並用最熱的熱量煮沸。

d) 煮沸前和煮沸時不斷攪拌。

e) 用力煮 2 分鐘。

f) 從火上移開並加入液體果膠攪拌。

g) 撇去並輪流攪拌 5 分鐘。

h) 稍微冷卻以防止水果漂浮。

i) 以通常的方式裝鍋並蓋上蓋子。

80. 黑醋栗果醬

使： 5 磅

原料：

- 2 磅黑醋栗
- 3¼磅糖
- ½品脫水
- ½瓶液體果膠

指示：

a) 頂部，尾部和清洗水果。

b) 將水果壓碎，然後將水果放入裝有水的大平底鍋中，煮沸並蓋上蓋子慢燉 15 分鐘或直到果皮變軟。

c) 加入糖，充分攪拌並輕輕加熱直至糖溶解。

d) 完全沸騰并快速煮沸 1 分鐘，偶爾攪拌。

e) 從火上移開並加入液體果膠攪拌 - 如有必要，脫脂。

f) 以通常的方式裝鍋並蓋上蓋子。

81. 杏菠蘿罐頭果醬

使： 5 磅

原料：

- 2 x 15 盎司罐裝半杏仁
- 3 磅糖
- 2 x 16 盎司菠蘿圈
- 1 個檸檬汁 1 瓶液體果膠

指示：

a) 瀝乾水果，將菠蘿圈和杏切碎。

b) 將水果放入鍋中，加入糖和檸檬汁。

c) 慢慢加熱直到所有的糖都溶解，不斷攪拌。

d) 完全煮沸並煮沸 2 分鐘。

e) 從火上移開並加入液體果膠攪拌。

f) 撇去果醬，然後攪拌。讓其稍微冷卻。

g) 迅速倒入乾淨的罐子裡，按照通常的方式密封並蓋上蓋子。

82. 櫻桃果醬

使： 5 磅

原料：

- 2.5 磅去核櫻桃
- 3 磅糖
- ¼ 品脫水
- 3 平湯匙檸檬汁
- 1 瓶液體果膠

指示：

a) 將櫻桃放入水中，將檸檬汁放入有蓋鍋中燉 15 分鐘。

b) 在加入糖之前轉移到一個非常大的平底鍋中。

c) 加入糖並輕輕加熱，不時攪拌直至糖溶解。

d) 完全沸騰并快速煮沸 1-2 分鐘。

e) 攪拌液體果膠並繼續煮沸 1 分鐘。

f) 從火上移開，如有必要，撇去油脂，稍微冷卻，以通常的方式裝鍋並蓋上蓋子。

83. 達姆森果醬

使： 5 磅

原料：

- 2.5 磅水果
- 3¼ 磅 1 個檸檬的糖汁
- ½品脫水
- ½瓶液體果膠

指示：

a) 將水果洗淨，放入裝有水的鍋中。

b) 攪拌直到混合物沸騰。

c) 蓋上鍋蓋燉 15 分鐘。

d) 加入糖和檸檬汁，拌勻。

e) 在最熱的熱量下完全沸騰。

f) 加一小塊黃油。

g) 煮沸前和煮沸時不斷攪拌。

h) 用力煮 1 分鐘。

i) 從火上移開，加入液體果膠攪拌。

j) 撇去浮渣和任何石頭。

k) 快速倒入並蓋上。

84. 新鮮無花果醬

使： 5 磅

原料：

- 2 磅成熟的無花果
- 3.5 磅糖
- 2 個檸檬汁
- 1 瓶液體果膠

指示：

a) 將無花果和 2 個檸檬汁、2 磅無花果和 3.5 磅糖放在一個大的保鮮鍋中。

b) 充分混合併慢慢加熱，直到糖溶解。

c) 煮沸，不斷攪拌。

d) 用力煮沸 1 分鐘，然後熄火併加入液體果膠攪拌。

e) 以通常的方式脫脂、鍋和蓋。

85. 薑醬

使：5 磅

原料：

- 1 磅根姜
- 3 磅糖
- 6 湯匙檸檬汁
- 1 瓶液體果膠

指示：

a) 將生薑去皮並切成 ¼ 英寸（6 毫米）的方塊

b) 蓋上冷水，煮沸，文火煮 5 分鐘，然後瀝乾。

c) 蓋上新鮮的冷水，煮沸，文火煮 5-10 分鐘。排水良好。

d) 轉移到一個非常大的平底鍋中，加入糖和 14 盎司（400 毫升）水和檸檬汁。邊攪拌邊加熱至沸騰，文火煮 5 分鐘，然後冷卻數小時或過夜。

e) 加入一小塊黃油以防止起泡，將其完全煮沸並儘可能快地煮沸 2 分鐘。從火上移開。

f) 攪拌液體果膠。偶爾攪拌 5-10 分鐘，使其冷卻，直至凝固。

g) 倒入溫暖的罐子裡，按照通常的方式蓋上蓋子。

86. 醋栗果醬

使： 5 磅

原料：

- 2 磅醋栗
- 3.5 磅糖
- ¼ 品脫水
- ½ 瓶液體果膠

指示：

a) 頂部，尾部和清洗醋栗。將醋栗放入裝有水的平底鍋中，煮沸並用文火燉，蓋上鍋蓋煮 15 分鐘或直到果皮變軟，不時攪拌。

b) 加入糖並慢慢加熱直至糖溶解，偶爾攪拌。

c) 快速完全沸騰并快速煮沸 2 分鐘，偶爾攪拌。

d) 從火上移開並加入液體果膠攪拌 - 如有必要，脫脂。

e) 讓其稍微冷卻，以通常的方式裝鍋並蓋上蓋子。

87. 獼猴桃果醬

使： 5 磅

原料：

- 2 磅奇異果
- 3.5 磅糖
- ½ 瓶液體果膠

指示：

a) 將水果削薄，去掉莖端的硬塊。

b) 將水果徹底壓碎並與糖混合。

c) 轉移到一個大平底鍋中，輕輕加熱，直到所有糖都溶解。

d) 快速加熱至沸騰並煮沸（完全沸騰）2 分鐘。

e) 從火上移開，加入液體果膠，攪拌均勻。

f) 讓其冷卻 2 至 3 分鐘，然後以通常的方式裝鍋。

88. 骨髓和生薑果醬

使： 5 磅

原料：

- 1 骨髓
- 3¼磅糖
- 4 湯匙水
- 1 個檸檬汁
- 2 盎司傷根姜
- 4 盎司切碎的結晶姜
- 1 瓶液體果膠

指示：

a) 去髓去皮去籽，切細。

b) 將骨髓放入盛有水的鍋中，蓋上鍋蓋燉 20 分鐘。

c) 生薑根系在細布袋中，與糖、煮熟的骨髓、切碎的結晶薑和檸檬汁一起放入鍋中；充分混合併輕輕加熱，偶爾攪拌，直到糖溶解。

d) 完全煮沸並煮沸 2 分鐘。

e) 從火上移開，取出平紋細布袋並加入液體果膠攪拌。

f) 讓其冷卻以防止水果漂浮。以通常的方式裝鍋並蓋上蓋子。

89. 什錦果醬

使：5 磅

原料：

- 225 克（½ 磅）桃乾
- 4 磅（1.7 千克）糖
- ½ 品脫（285 毫升）水
- 225 克（½ 磅）梨
- 700 克（1½ 磅）蘋果
- ⅛ 品脫（75 毫升）水
- ½瓶液體果膠

指示：

a) 將乾桃子浸泡在水中至少 4 小時。

b) 將蘋果和梨去皮去核，切成片。將桃子和水放入鍋中。

c) 蓋上鍋蓋並用文火慢燉至變軟（約 15 分鐘）。

d) 加入糖，攪拌直至溶解。

e) 完全煮沸並煮沸 2 分鐘。

f) 從火上移開並加入液體果膠攪拌。

g) 如有必要，略讀。以通常的方式裝鍋並蓋上蓋子。

90. 桃子醬

使： 5 磅

原料：

- 1kg（2¼ 磅）桃子
- 3¼磅糖
- 1 瓶液體果膠

指示：

a) 桃子去皮去核，果肉切碎。

b) 如果水果缺乏味道或酸味，加入 1 個檸檬汁。

c) 將糖和準備好的水果放入大平底鍋中，輕輕加熱直至糖溶解。

d) 完全煮沸並煮沸 1 分鐘。

e) 從火上移開並加入液體果膠攪拌。

f) 以通常的方式脫脂、鍋和蓋。

91. 梨姜醬

使： 5 磅

原料：

- 3 磅準備好的切塊的烹飪梨
- 3¼磅糖
- ½品脫水
- 2 個檸檬汁
- 磨碎的 1 個檸檬皮
- 1 平茶匙生薑
- 2 盎司結晶姜（切成丁）
- 1 瓶液體果膠

指示：

a) 將梨放入水中煮至變軟。

b) 2 加入糖、檸檬汁、果皮和姜，用文火攪拌直至糖溶解。

c) 煮沸并快速煮沸 2 分鐘。

d) 從火上移開並加入液體果膠攪拌。

e) 再煮 1 分鐘。

f) 冷卻 10-15 分鐘。

g) 以通常的方式裝鍋並蓋上蓋子。

92. 鳳梨果醬

使： 4 磅

原料：

- 1½ 磅（0.7 千克）準備好的菠蘿
- 3 磅糖
- 1 品脫水（300 毫升）
- 1 個檸檬
- 1 瓶液體果膠

指示：

a) 準備水果，徹底壓碎，放入大鍋中。

b) 加水，慢慢加熱，煮至變軟——大約 30 分鐘。

c) 加入糖和 1 個檸檬汁，充分混合併慢慢加熱直至糖溶解，不時攪拌。

d) 完全沸騰并快速煮沸 2 分鐘。

e) 從火上移開，加入液體果膠，冷卻 20 分鐘以防止水果漂浮。

f) 以通常的方式脫脂、鍋和蓋。

93. 梅果醬

使： 10 磅

原料：

- 5 磅（2.3 千克）李子
- 6.5 磅（3 千克）糖
- ½品脫水
- ½瓶液體果膠

指示：

a) 將李子洗淨，切成塊，根據需要去除盡可能多的石頭。

b) 將水果和水放入大鍋中。

c) 煮沸，不斷攪拌。

d) 蓋上鍋蓋燉 15 分鐘。

e) 加入糖，慢慢加熱直到糖溶解，不斷攪拌，然後完全沸騰。

f) 用力煮沸 2 分鐘，偶爾攪拌，然後從火上移開並加入液體果膠攪拌。

g) 脫脂，如有必要，以通常的方式裝鍋並蓋上蓋子。

94. 榲桲果醬

品牌：4.5 磅

原料：

- 3 磅榅桲
- 3 磅糖
- 1 個檸檬
- ½ 瓶液體果膠

指示：

a) 將榅桲去皮去核（使用完全成熟的水果）。盡可能切碎。

b) 加入 ½ 品脫（240 毫升）水和 1 個檸檬汁。

c) 煮沸，蓋上鍋蓋小火煮 15 分鐘。

d) 將糖和 2.5 磅（1.1 千克）準備好的水果放入一個大的保鮮盤中並充分混合。慢慢加熱直到糖溶解。

e) 完全煮沸。在沸騰之前和同時不斷攪拌。

f) 用力煮 1 分鐘。

g) 從火上移開並加入液體果膠攪拌。

h) 以通常的方式脫脂、鍋和蓋。

95. Loganberry 或 Tayberry 果醬

使： 7 磅

原料：

- 4 磅（1.8 千克）水果
- 5.5 磅（2.5 千克）糖
- 1 瓶液體果膠

指示：

a) 將漿果壓碎，放入裝有糖的平底鍋中。

b) 輕輕加熱，不時攪拌直至糖溶解。

c) 快速完全沸騰并快速煮沸 2 分鐘，偶爾攪拌。

d) 從火上移開並加入液體果膠攪拌。如有必要，略讀。

e) 讓其冷卻以防止水果漂浮。以通常的方式裝鍋並蓋上蓋子。

96. 覆盆子果醬

使： 8 磅

原料：

- 1.8 千克（4 磅）覆盆子
- 5.5 磅（2.5 千克）糖
- 1 瓶液體果膠

指示：

a) 將漿果壓碎，放入裝有糖的平底鍋中。

b) 輕輕加熱，不時攪拌直至糖溶解。

c) 快速完全沸騰并快速煮沸 2 分鐘，偶爾攪拌。

d) 從火上移開並加入液體果膠攪拌。如有必要，略讀。

e) 讓其冷卻以防止水果漂浮。以通常的方式裝鍋並蓋上蓋子。

97. 大黄薑醬

使： 5 磅

原料：

- 3 磅準備好的大黃
- 3 磅糖
- ¼ 品脫水
- 1 盎司（30 克）爛根姜
- 1 瓶液體果膠

指示：

a) 將大黃切成薄片，但不要去皮。

b) 將糖放入一個大平底鍋中，加入 3 磅準備好的大黃和水。

c) 加入 1 盎司搗碎的生薑，綁在一個平紋細布袋中。

d) 充分混合併迅速煮沸。

e) 用力煮 3 分鐘。從火上移開並加入液體果膠攪拌。

f) 取出平紋細布袋中的薑根。

g) 脫脂，鍋蓋。

98. 草莓酱

使： 5 磅

原料：

- 2¼ 磅（1 千克）草莓
- 3 磅糖
- 3 湯匙檸檬汁
- ½ 瓶液體果膠

指示：

a) 準備水果，徹底壓碎，放入裝有糖和檸檬汁的平底鍋中。

b) 慢慢加熱，直到糖溶解，偶爾攪拌。添加一小塊黃油或人造黃油。

c) 完全沸騰并快速煮沸 2 分鐘。

d) 從火上移開，加入液體果膠，冷卻 20 分鐘以防止水果漂浮。

e) 以通常的方式脫脂、鍋和蓋。

99. 草莓酱（全）

使： 5 磅

原料：

- 1 千克（2¼ 磅）小草莓
- 3 磅（1.4 克）糖
- 3 湯匙（50 毫升）
- 檸檬汁（1 個大檸檬）
- ½ 瓶液體果膠

指示：

a) 準備水果，將其與檸檬汁和糖一起放入鍋中。

b) 靜置 1 小時，偶爾攪拌。

c) 慢慢加熱，直到糖溶解，偶爾攪拌。

d) 添加一小塊黃油或人造黃油。

e) 完全沸騰并快速煮沸 2 分鐘。

f) 從火上移開，加入液體果膠，冷卻 20 分鐘以防止水果漂浮。

g) 以通常的方式脫脂、鍋和蓋。

100. 草莓大黄果酱

使： 5 磅

原料：

- 1 磅大黃
- 1 磅草莓
- 1.7 千克（3¼ 磅）糖
- ¼ 品脫水
- 1 平茶匙碳酸氫鈉
- ½ 瓶液體果膠

指示：

a) 大黃洗淨切細。不要剝皮。

b) 將草莓徹底壓碎。

c) 將水果放入裝有水的平底鍋中，煮沸，不斷攪拌。加蓋燜煮 15 分鐘。

d) 將 2 品脫（1130 毫升）煮熟的水果倒入一個大平底鍋中，必要時加水補足。

e) 加入糖，輕輕加熱直到糖溶解，不時攪拌。

f) 完全沸騰并快速煮沸 2 分鐘。

g) 從火上移開並加入液體果膠攪拌。

h) 攪拌和脫脂交替進行 5 分鐘，以冷卻並防止浮果。

i) 以通常的方式裝鍋並蓋上蓋子。

結論

感謝您提供額外的上下文。以下是包含 100 個食譜的 **終極果醬食譜** 最後一頁的可能更長的結論：

祝賀您到達了果醬食譜的最後一頁，這是一份製作自製果醬的綜合指南。我們很高興你決定和我們一起踏上這次果醬製作之旅，我們希望你喜歡探索本書中包含的許多美味食譜。

如您所見，製作自己的果醬是一種有益且令人滿意的體驗。將新鮮的時令水果製成可以全年享用的塗抹醬，有一些特別之處。無論您是想在食品儲藏室裡儲備草莓和覆盆子等經典口味，還是渴望嘗試藍莓-薰衣草或無花果-香醋等更獨特的組合，本書中的食譜都將幫助您實現果醬製作目標。

在整個 終極果醬食譜中，我們分享了對果醬的熱情，並提供了分步說明，以幫助您每次都獲得完美的結果。從選擇合適的水果到掌握果凍的藝術，我們涵蓋了您在自己的廚房裡製作美味、優質果醬所需知道的一切。

但不僅僅是為您提供食譜和技術，我們希望這本書也能啟發您在製作果醬時發揮創意。我們提供了風味搭配技巧，並鼓勵您嘗試使用不同的水果、香草和香料來創造您自己獨特的混合物。無論您是在桃子醬中加入一點威士忌，還是在草莓蜜餞中加入羅勒，風味組合的可能性都是無窮無盡的。

在您的果醬製作之旅中，我們鼓勵您玩得開心，享受這個過程。製作果醬是與季節聯繫的絕妙方式，慶祝地球的恩惠，並與他人分享您的勞動成果。我們希望本書已幫助您完成所有這些事情，並且您所學的食譜和技術將在未來的歲月中為您提供良好的服務。

感謝您選擇果醬食譜作為自製果醬的指南。我們希望您在廚房裡度過許多快樂時光，並祝您有許多美味的果醬罐與您所愛的人分享。快樂的果醬製作！

Ingram Content Group UK Ltd.
Milton Keynes UK
UKHW020625210623
423802UK00010B/53